ERP 沙盘模拟对抗实训教程

（第 2 版）

于桂平　陈　欣　主编

北京理工大学出版社
BEIJING INSTITUTE OF TECHNOLOGY PRESS

内 容 简 介

ERP 沙盘模拟对抗课程采用哈佛流行的沙盘情景教学模式，通过游戏模拟和展示企业经营和管理的全过程，其基本思想是围绕市场竞争和市场预测的需求建立企业内、外部各种资源计划，实质是如何在资源有限的情况下，合理组织生产，力求做到利润最大，成本最低。本书共分为七个项目，从学生刚接触沙盘到企业经营结束，其中财务分析以实际经营数据为例，给出了具体的计算评价及改进方法，经营管理分析系统讲解了企业经营中的战略重要性及如何进行有效竞争，在企业运营实录中的表格实用、详细，可有效改善沙盘课程中的控制缺失现象。

版权专有　侵权必究

图书在版编目（CIP）数据

ERP 沙盘模拟对抗实训教程／于桂平，陈欣主编．—2 版．—北京：北京理工大学出版社，2019.1（2020.11重印）

ISBN 978-7-5682-1621-0

Ⅰ.①E… Ⅱ.①于… ②陈… Ⅲ.①企业管理-计算机管理系统-高等职业教育-教材 Ⅳ.①F272.7

中国版本图书馆 CIP 数据核字（2018）第 224647 号

出版发行／北京理工大学出版社有限责任公司

社　　址／北京市海淀区中关村南大街 5 号

邮　　编／100081

电　　话／（010）68914775（总编室）
　　　　　（010）82562903（教材售后服务热线）
　　　　　（010）68948351（其他图书服务热线）

网　　址／http://www.bitpress.com.cn

经　　销／全国各地新华书店

印　　刷／保定市中画美凯印刷有限公司

开　　本／787 毫米×960 毫米　1/16

印　　张／9　　　　　　　　　　　　　　　　　　责任编辑／申玉琴

字　　数／185 千字　　　　　　　　　　　　　　　文案编辑／申玉琴

版　　次／2019 年 1 月第 2 版　2020 年 11 月第 2 次印刷　责任校对／周瑞红

定　　价／26.00 元　　　　　　　　　　　　　　　责任印制／李　洋

图书出现印装质量问题，请拨打售后服务热线，本社负责调换

前　　言

目前国内管理课程一般都以理论+案例为主，比较枯燥，而且学员很难把这些理论迅速掌握并应用到实际工作中。随着社会职业的变更和劳动变化的频繁，用人单位对人才的选择已不再仅凭一张文凭，而要看他是否具有实际操作和动手能力，尤其对于管理类学生，他们不仅要有坚实的理论基础，更要有较强的创新能力和创业意识等综合素质，这无疑给财经类院校的人才培养提出了前所未有的挑战，同时也潜藏着新的发展机遇。企业管理的流程和具体操作，很难在课堂上进行模拟，而在现实中，也不会有任何一家企业会把千百万的身家交给你去"实验"。这里我们提出值得借鉴的一门管理类实训课程——ERP沙盘模拟对抗实训教程。

ERP沙盘模拟就是模仿一个真实的企业，将企业结构和管理的操作全部展示在沙盘上，其基本思想是围绕市场竞争和市场预测的需求建立企业内、外部各种资源计划，实质是如何在资源有限的情况下，合理组织生产，力求做到利润最大，成本最低。

目前，国内开设该课程的院校过百所，可市场上供选择的教材较少，本教材适用于六组的沙盘模拟训练，侧重于学生对知识的综合运用和培养多渠道获取信息的能力，在内容安排上综合了经济法、财务管理学、市场营销学、企业管理、会计学、信息学、审计学、物流学等方面的知识。本书分析部分主要以一组真实的模拟企业数据为例，全面而详细地阐述了企业经营成败的关键，并对企业生产采购的科学计算方法提出了合理化建议。

本书通俗易懂，从沙盘本身出发，既讲解ERP沙盘的基本规则、初始状况，又给出了较为科学的分析评价方法，既适合于初学者，又适合于有一定知识基础的学生。全书共分为七个项目，从学生刚接触沙盘到企业经营结束。其中财务分析以实际经营数据为例，给出了具体的计算评价及改进方法。经营管理分析系统讲解了企业经营中的战略重要性及如何进行有效竞争。在企业运营实录中，表格更加实用，各状态登记更加详细化，可以有效改善沙盘课程中的控制缺失现象。

本书由于桂平、陈欣主编，两位主编从事沙盘教学13年以上，曾多次带队参加全国沙盘大赛，多次获得天津赛区冠军、全国赛区一等奖，曾在第三届全国沙盘大赛中获得亚军，无论教学经验还是比赛经验都很丰富。

本书主要针对高职高专的学生实训使用，由于时间仓促，书中错误之处在所难免。诚恳希望各位读者及研究和从事相关工作的学者、专家提出宝贵意见。

编　者

目　　录

项目一　运营准备 ... 1
　任务一　认识 ERP ... 1
　任务二　了解模拟企业运营流程 ... 2
项目二　设置模拟企业初始状态 ... 10
　任务一　了解企业概况 ... 10
　任务二　设定模拟企业初始状态 ... 10
　任务三　学习模拟企业财务报表 ... 12
项目三　熟悉模拟企业运营规则及市场预测 ... 14
　任务一　熟悉模拟企业运营规则 ... 14
　任务二　分析产品需求市场 ... 20
项目四　企业的经营管理分析 ... 25
　任务一　企业的战略分析 ... 25
　任务二　企业的风险分析 ... 32
　任务三　企业的预算分析 ... 35
　任务四　模拟企业的盈利分析 ... 37
　任务五　模拟企业的采购及生产分析 ... 42
项目五　企业的综合评价 ... 46
　任务一　广告投入产出比分析 ... 46
　任务二　成本分析 ... 47
　任务三　财务分析 ... 49
项目六　企业运营实录 ... 61
项目七　模拟企业运营成果汇报及成绩评定 ... 121
附录 A　电子沙盘运营规则 ... 124
附录 B　电子沙盘市场预测 ... 128
附录 C　电子沙盘相关表格（运营实录） ... 131
参考文献 ... 134

项目一

运营准备

任务一 认识 ERP

随着社会职业的变更和劳动变化的频繁,用人单位对人才的选择已不再仅凭一张文凭,而要看他是否具有实际操作和动手能力,尤其对于管理类学生,不仅要有坚实的理论基础,更要有较强的创新能力和创业意识等综合素质,但是,我们在学校所学课程往往都是传统的理论知识,显然,企业管理的流程和具体操作,很难在课堂上进行模拟,而在现实中,也不会有任何一家企业把千百万的身家交给我们去"实验"。ERP 沙盘模拟对抗实训教程则不同,该课程采用哈佛流行的沙盘情景教学模式,这种教学模式在发达国家已经流行 20 多年,通过游戏模拟展示企业经营和管理的全过程。

ERP(Enterprise Resources Planning),即企业资源计划。其基本思想是围绕市场竞争的需求建立企业内、外部各种资源计划,利用计算机及网络信息系统将企业内、外部各项资源的"供应链"加以整合。企业的目标可以说是在资源给定的情况下,追求尽可能大的产出。从外延上来看,是追求利润,本质是资源的合理利用。企业资源包含的范围很广,厂房、设备、物料,还包括人力资源、资金、信息、企业上下游的供应商和客户。企业的生产经营过程就是对企业所有资源进行有效的规划,是企业资源计划系统。它是涵盖企业经营方方面面的一整套管理思想,将企业结构和管理的操作全部展示在沙盘上,它从整体战略、市场需求、物料采购计划、仓储管理、往来业务管理、生产过程管理、项目管理、设备管理、人力资源管理、运输管理、质量管理、销售管理等方面,使企业以销定产,以产定料,以料的需求来驱动资金的良性循环,从而不断地压缩企业投资规模,加快企业资金周转,修正日常运作中的偏差,并使企业处于全面受控状态。还可以帮助企业管理人员根据外部环境的变化而对企业资源进行合理规划,使企业流畅运转,从而达到商业上的成功。

ERP 沙盘模拟对抗实训教程的基础背景设定为已经经营若干年的生产型企业,每个企

业都拥有相同的资金、设备和固定资产。各企业从市场中取得订单，然后用现金购买原材料，投入生产，最后完工交货，从客户手中获得现金，可用现金为企业打广告，开发新的产品，支付员工工资及福利，支付国家税收等，当资金短缺时可向银行申请贷款或变卖固定资产（以上各个阶段的任务要严格按照本书后面的各年任务清单）。虽然都有相同的起始资金，都遵守相同的规则，但通过不同的手段，连续从事6个会计年度的经营活动，几个企业运营之后会产生不一样的结果。面对同行的竞争、产品老化、市场单一化，公司要如何保持成功及不断地成长是每位成员面临的重大挑战。

该课程将企业经营决策的理论和方法与实际模拟操作紧密地结合在一起，使接受培训的学员在"游戏"般地操作中感受到完整的决策体验，进而深刻地体会到"决策"在企业经营成败中的关键作用，以及企业进行信息化建设的必要性和急迫性。

任务二　了解模拟企业运营流程

（一）打造高绩效的团队

每个班级分成若干个管理团队，每个组员都担任虚拟公司的一个重要职位，包括总经理、财务总监、销售总监、采购总监和生产总监等，每个团队都从1.05亿的资产规模开始做起。各组就本企业的整体战略、产品研发、市场开发方向、生产排程、资金筹集与运用等多个方面展开讨论。

在沙盘对抗赛中，每个小组代表一个企业，在运营过程中，团队合作是必不可少的。

团队合作是一种为达到既定目标所显现出来的自愿合作和协同努力的精神。对《财富》500强的调查表明：超过1/3的企业宣称"团队合作"是本企业的核心价值观。团队在企业经营中扮演着极其重要的角色，在企业发展过程中发挥着越来越重要的作用。团队协作要求个人除了应具备专业知识外，还应该有较强的团队合作能力，这种合作能力有时甚至比专业知识更加重要。高绩效的团队是每个组织或企业都希望打造和拥有的，一个高绩效团队，应有如下特征。

1. 具有一项明确的共同目标

如果没有共同认同的、清晰明确的目标，团队绝不可能是高效的；如果没有共同努力的目标，一个成员的工作越高效，可能给团队带来的损失越大。一项明确的目标，应该具有SMART特性，即具体的（S-specific），可测量的（M-measurable），可实现的（A-achievement），现实的（R-realistic），而且具有时间限制性（T-time bound）。

2. 具有一致的信念、理念

团队成员都能在共同的信念的引导和激励下，带着与团队使命一致的文化理念（企业文化）工作，能自觉地为了团队的使命和利益，勇于和善于付出自己的全部能力和能量。

3. 具有一位高瞻远瞩和务实高效的领导

一个想取得成功的企业、组织或者团队,具有一位高瞻远瞩、务实高效的领导是不可缺少的。

4. 具有一种"团队利益高于个人一切利益"的责任感

每个成员都能为了团队的使命、任务、利益、荣誉,愿意、勇于承担责任,一切言行都服从、服务团队的使命、任务、利益、荣誉。

5. 具有一些不同角色、技能匹配的成员

一个团队任务的实现,是科学、知识、信息、资源、能源等很多因素的投入、加工、整合、变化、积累而形成的,而且一个人的精力、能力、能量是有限的,因此需要不同角色的成员协同工作。

6. 具有一个和谐的人文环境

和谐的人文环境是文化氛围、正气氛围、创新氛围、创业氛围、成功氛围、激励氛围、信任氛围等的综合,但绝不是没有原则的一团和气。

7. 具有融合和服务于团队各项工作的沟通意识

为了完成设定的目标,多种角色的成员需要进行信息、思想和情感的传递和沟通。有效、良好的沟通,能促进个体和团体高效工作。

此外,作为企业中的一员,首先应该让别人深感被尊重和被重视。每个人都有被别人重视的需要,特别是对具有创造性思维的知识型员工更是如此,有时一句小小的鼓励和赞许就可以使他释放出无限的工作热情。其次要做到适当地"依赖"别人,当你对别人寄予希望时,别人也同样会对你寄予希望。再次是"自查",企业中的每个员工都应该时常检查一下自己的缺点,保持足够的谦虚,有些缺点在单兵作战时可能还能被忍受,但在团队合作中他会成为你进一步成长的障碍。团队工作中需要成员在一起不断地讨论,如果你固执己见,无法听取他人的意见,或无法和他人达成一致,团队的工作就无法进展下去。团队的效率在于配合的默契,如果达不成这种默契,团队合作则可能是不成功的。

(二)职能定位

在模拟企业中主要职能定位分别为:

1. 总经理(即 CEO)

企业所有的重要决策均由首席执行官带领团队成员共同决定,如果大家意见相左,由CEO拍板决定。每年制订全年计划,所有人可由CEO调动。

2. 财务总监(即 CFO)、财务助理(人数较多时设 2 人)

主要负责资金的筹集、管理,做好现金预算。保证企业有持续的现金流,按需求支付各项费用,核算成本,采用经济有效的方式筹集资金,按时报送财务报表并做好财务分析。

3. 营销总监、商业间谍（人数较多时设 2 人）

主要负责开拓市场、实现销售。一方面稳定企业现有市场，另一方面要积极开拓新市场，争取更大的市场空间。应结合市场预测及客户需求制订销售计划，有选择地进行广告投放，取得与企业生产能力相匹配的客户订单，与生产部门做好沟通，保证按时交货给客户，监督货款的回收，进行客户关系的管理。在企业运营过程中，做到知己知彼至关重要，有效地利用商业间谍可以监控竞争对手的情况。

4. 生产总监（人数较多时设 2 人）

负责公司生产、安全、仓储、保卫及现场管理等方面的工作，协调完成生产计划，维持生产低成本稳定运行，并处理好有关的外部工作关系；生产计划的制订落实及生产和能源的调度控制，保持生产正常运行，及时交货；组织新产品研发，扩充并改进生产设备，不断降低生产成本。

5. 采购总监

确保在合适的时间点，采购合适的品种及数量的物资，为企业生产做好后勤保障。

（三）公司命名与 CEO 就职演说

首先由 CEO 带领本企业所有员工召开第一次会议——为公司命名。出色的名字是可以直接体现公司意向的，所以要选择那些可以吸引客户眼球的公司名字，并且可以从中轻易地理解到你所销售的产品和服务。下面给几点提示，仅供参考：不要刻意修饰公司的名字，尽量让名字简单明了；尽量让名字读起来很流畅，不要用一些生字、难字；名字要简短，好记；字义的意境优美，符合公司形象。

★ 企业实录：根据本企业情况填写表 1-1。

表 1-1 企业基本状况

公司名称	
公司宣言	
组织架构及负责人姓名	总经理：
	采购总监：
	营销总监：
	财务总监：
	生产总监：

（四）模拟企业概况（详见项目二）

对企业经营者来说，接手一个企业时，需要对企业有一个基本的了解，包括股东期望、企业目前的财务状况、市场占有率、产品、生产设施、盈利能力等。基本情况描述以企业起始年的两张主要财务报表（资产负债表和利润表）为基本索引，逐项描述了企业目前的财务状况和经营成果，并对其他有关方面进行补充说明。

（五）初始状态设定（详见项目二）

ERP沙盘模拟不是从创建企业开始，而是接手一个已经运营了3年的企业。虽然已从基本情况描述中获得了企业运营的基本信息，但还需要把这些枯燥的数字活生生地再现到沙盘盘面上，由此为下一步的企业运营做好铺垫。通过初始状态的设定，可以使学员深刻地感觉到财务数据与企业业务的直接相关性，理解到财务数据是对企业运营情况的一种总结提炼，为今后透过"财务看经营"做好观念上的准备。

（六）熟悉企业运营规则（详见项目三）

企业在一个开放的市场环境中生存，企业之间的竞争需要遵循一定的规则。综合考虑市场竞争及企业运营所涉及的方方面面，简化为以下6个方面的约定。

① 市场划分与市场准入。
② 销售会议与订单争取。
③ 厂房购买、出售与租赁。
④ 生产线购买、转产与维修、出售。
⑤ 产品生产、原材料采购、产品研发与ISO认证。
⑥ 融资贷款与贴现。

（七）企业运营开始

新管理层接手企业，需要有一个适应阶段，在这个阶段，需要与原有管理层交接工作，熟悉企业的工作流程。因此，在ERP沙盘模拟中，我们设计了起始年。企业选定接班人之后，原有管理层总要"扶上马，送一程"。因此在起始年里，新任管理层仍受制于老领导，企业的决策由老领导定夺，新管理层只能执行。这样做的主要目的是团队磨合、进一步熟悉规则，明晰企业的运营过程。

起始年的决策仍决定于原有管理层，因此，继续保守经营，不投资新产品研发，不购置固定资产，不尝试新的融资，只是维持原有的生产规模，每个季度下一批R1原料。

任务清单代表了企业简化的工作流程，也是企业竞争模拟中各项工作需要遵守的执行顺序。分为年初5项工作、按季度执行的19项工作和年末需要做的6项工作。执行任务清单时由CEO主持，团队成员各司其职，有条不紊，每执行完一项任务，各成员在方格中打钩标志完成。

现金是企业的血液。伴随着企业各项活动的进行，会发生现金的流动。为了清晰记录现金的流入与流出，我们在任务清单中设置了现金收支明细登记。CEO带领大家每执行一项任务时，如果涉及现金收付，财务总监和财务助理在收付现金的同时，要相应地在方格内登记现金收支情况。注意在填写任务清单时一定要按照自上而下、自左至右的顺序严格执行。

1. 年初五项工作

（1）战略规划与预算。新一年开始时，企业管理团队要制定企业战略，做出经营规划、设备投资规划、产品研发方案、市场开拓计划等。

常言道："预则立，不预则废。"预算是企业经营决策和长期投资决策目标的一种数量表现，即通过有关数据将企业全部经济活动的各项目标具体地、系统地反映出来。在"项目六 企业运营实录"中有现金预算表，做好现金预算可以保证企业有持续的现金流，并可以及时采用各种融资方式，根据预算及时有效地调整企业战略。要做好现金预算就要做好销售预算、采购预算、生产预算和企业战略中的设备投入、产品研发、市场开拓等。做好销售预算是编制预算的关键和起点，主要是对本年度要达到的销售目标进行预测。销售预算的内容是销售数量、单价和销售收入等。

可承诺量（Available to Promise，ATP）的计算：参加订货会之前，需要计算企业的可接单量。企业可接单量主要取决于现有库存和生产能力以及最大可能的外协加工数量，因此产能计算的准确性直接影响到销售收入。

（2）参加订货会/登记销售订单。各企业订货会之前，需要计算企业的可接单量。客户在争取订单时，应以企业的产能、设备投资计划等为依据，避免接单不足，设备闲置，或盲目接单，无法按时交货，引起企业信誉降低。

客户订单相当于企业签订的订货合同，需要进行登记管理。营销总监领取订单后负责将订单记在"订单登记表"中，记录每张订单的订单号、所属市场、所订产品、产品数量、订单销售额、应收账期。

（3）支付广告费。登记完销售订单，要及时支付广告费。将广告费放置在沙盘上的"广告费"的位置。财务总监记录支出的广告费。

（4）制订新年度计划。在明确今年的销售任务后，需要以销售为龙头，结合企业对未来的预测，编制生产计划、采购计划、设备投资计划并进行相应的资金预算，将企业的供产销活动有机地结合起来，使企业各部门的工作形成一个有机的整体。

（5）支付应付税。依法纳税是每个企业及公民的义务。请财务总监按照上一年度利润表的"所得税"一项的数值取出相应的现金放置于沙盘上的"税金"处并做好现金收支记录。

2. 年中各项工作

（1）季初盘点（填写数量）。财务总监盘点现金库中的现金，并记录现金余额；采购总监盘点原料库中的原材料，并记录原材料数量；生产总监盘点成品库中的成品和在制品，并记录成品数量。

(2) 更新短期贷款/还本付息/申请短期贷款。

更新短期贷款：如果企业有短期贷款，请财务总监将空桶向现金库方向移动一格。移至现金库时，表示短期贷款到期。

还本付息：短期贷款的还款规则是利随本清。短期贷款到期时，每桶需要支付 20M×5%＝1M 的利息，因此，本金与利息共计 21M。财务总监从现金库中取出现金，其中，20M 还给银行，1M 放置于沙盘上"利息"处并做好现金收支记录。

申请短期贷款：短期贷款只有在这一时点上可以申请。可以申请的最高额度为上一年度所有者权益×2－（已有短期贷款＋一年内到期的长期负债）。企业可以随时向银行申请高利贷，高利贷贷款额度根据企业当时情况而定，如果贷了高利贷，可以用倒置的空桶表示，并与短期借款同样管理。

(3) 更新应付款/归还应付款。财务总监将应付款向现金方向移动一格。到达现金库时，从现金库中取现金付清应付款并做好现金收支记录。

(4) 原材料入库/更新原料订单。供应商发出的订货已运抵企业时，企业必须无条件接受货物并支付款项。采购总监将原料订单区的空桶向原料库方向推进一格，到达原料库时，向财务总监申请原料款，支付给供应商，换取相应的原料。如果现金支付，财务总监要做好现金收支记录，如果启用应付账款，在沙盘上做相应的标记。

(5) 登记原料订单。采购总监根据年初制订的采购计划，决定采购的原料品种及数量，每个空桶代表一批原料，将相应数量的空桶放置于对应品种的原料订单处，并到供应商处登记备案。

(6) 更新生产/完工入库。由运营总监将各生产线上的在制品向上推进一格。产品下线表示产品完工，将产品放置于相应的产品库。

(7) 投资新生产线/变卖生产线/生产线转产。投资新设备时，由运营总监向指导老师领取新生产线标识，翻转放置于某厂房相应位置，其上放置与该生产线安装周期相同的空桶数。投资新生产线时按安装周期平均支付投资；全部投资到位的，下一个季度领取产品标识，开始生产。在这一过程中，每个季度向财务总监申请建设资金，财务总监做好现金支出记录。

出售生产线时，如果生产线净值小于残值，将净值转换为现金；如果生产线净值大于残值，将相当于残值的部分转换为现金，将差额部分作为费用处理，在综合费用明细表的"其他"项中记载。

现有生产线转产生产新产品时可能需要一定转产周期并支付一定转产费用，请运营总监将生产线标识翻转，按季度向财务总监申请并支付转产费用，停工满足转产周期要求并支付全部转产费用后，再次翻转生产线标识，领取新的产品标识，开始新的生产。

(8) 向其他企业购买/出售原材料。新产品上线时，原材料库中必须备有足够的材料，否则需要停工待料。这时采购总监可以从其他企业购买。如果按原料的原值购入，购买方视同"原材料入库"处理,出售方采购总监从原材料库中取出原料,向购买方收取同值现金,放入现金库并做好现金收支记录。如果高于原材料价值购入,购买方将差额记入利润表中的"其他支出",出售方将差额记入利润表中的"其他收入",财务总监做好现金收支记录。

(9)开始下一批生产。当更新生产/完工入库后,某些生产线的在制品已经完工,可以考虑开始生产新产品。由运营总监按照产品结构从原料库中取出原料,并向财务总监申请产品加工费,将上线产品摆放到第一个生产周期。

(10)更新应收款/应收款贴现。财务总监将应收款向现金方向推进一格,到达现金库时即成为现金,在资金出现缺口而不具备银行贷款的情况下,可以考虑应收款贴现。应收款贴现可以随时进行,财务总监按7的倍数取应收款,其中1/7作为贴现费用置于沙盘上"贴息"处,6/7放入现金库,并做好现金收支记录。应收款贴现时不考虑账期因素。

(11)出售厂房。资金不足时可以出售厂房,厂房按购买价值出售,但得到的是4账期的应收款。

(12)向其他企业购买成品/出售成品。如果产能计算有误,有可能本年度不能交付客户订单,这样不仅信誉尽失,且要接受订单总额的25%的罚款。这时营销总监可以考虑向其他企业购买产品。如果以成本价购买,买卖双方正常处理,如果高于成本价购买,购买方将差价(支付现金-产品成本)记入"直接成本",出售方将差价记入"销售收入",财务总监做好现金收支记录。

(13)按订单交货。营销总监检查各成品库中的成品数量是否满足客户订单要求,满足则按照客户订单交付一定数量的产品给客户,并在运营表上登记交货的产品数量,在订单登记表中登记该批产品的成本。客户按订单收货,并按订单上列明的条件支付货款,若为现金(0账期)付款,营销总监直接将现金置于现金库,财务总监做好现金收支记录;若为应收账款,营销总监将现金置于应收账款相应账期处。

(14)产品研发投资。按照年初制订的产品研发计划,运营总监向研发总监申请产品研发资金,置于相应产品生产资格位置。财务总监做好现金收支记录。

(15)支付行政管理费。管理费用是企业为了维持运营开发的管理人员工资,必要的差旅费,招待费等。财务总监取出1M放在"管理费"处,并做好现金收支记录。

(16)其他现金收支情况登记。除以上引起现金流动的项目外,还有一些没有对应项目的,如应收账款贴现,高利贷支付的费用等,可以直接记录在该项中。

(17)现金收入合计。统计本季度现金收入总额。

(18)现金支出合计。统计本季度现金支出总额。第四季度的统计数字中包括第四季度本身的和年底发生的。

(19)期末现金对账(请填余额)。1~3季度及年末,各总监盘点实物数量并做好登记。

以上各项工作每个季度都要执行。

3. 年末 6 项工作

（1）支付利息/更新长期贷款/申请长期贷款。

支付利息：长期贷款的还款规则是每年付息，到期还本。每桶需要支付 $20M×10\%=2M$ 的利息，财务总监从现金库中取出长期借款利息置于沙盘上的"利息"处，并做好现金收支记录。长期贷款到期时，财务总监从现金库中取出现金归还本金及当年利息，并做好现金收支记录。

更新长期贷款：如果企业有长期贷款，请财务总监将空桶向现金库方向移动一格；当移至现金库时，表示长期贷款到期。

申请长期贷款：长期贷款只有在年末才可以申请。可以申请的额度=上年所有者权益×2－已有长期贷款+一年到期的长期贷款。

（2）支付设备维护费。在用的每条生产线支付 1M 的维护费。财务总监取相应现金置于沙盘上的"维修费"处，并做好现金收支记录。

（3）支付租金/购买厂房。大厂房为自主厂房，如果本年在小厂房中安装了生产线，此时要决定该厂房是购买还是租用。如果购买，财务总监取出与厂房价值相等的现金置于沙盘上的"厂房价值"处；如果租赁，财务总监取出与厂房租金相等的现金置于沙盘上的"租金"处，无论购买还是租赁，财务总监应做好现金收支记录。

（4）计提折旧。厂房不提折旧，设备按余额递减法计提折旧，在建工程及当年新建设备不提折旧。折旧=原有设备价值/3，向下取整。财务总监从设备价值中取折旧费放置于沙盘上的"折旧"处。当设备价值下降至 3M 时，每年折旧 1M。

（5）新市场开拓/ISO 资格认证投资。

新市场开拓：财务总监取出现金放置在要开拓的市场区域，并做好现金支出记录。市场开发完成，从指导教师处领取相应市场准入证。

ISO 资格认证投资：财务总监取出现金放置在要认证的区域，并做好现金支出记录。认证完成，从指导教师处领取 ISO 资格证。

（6）结账。一年经营下来，年终要做一次"盘点"，编制利润表和资产负债表。在报表做好后，指导教师将会取走沙盘上企业已支出的各项成本，为来年做好准备。

项目二

设置模拟企业初始状态

任务一　了解企业概况

该企业是一个典型的制造型企业，创建已有3年，长期以来一直专注于某行业P系列产品的生产与经营。目前，企业拥有大厂房，其中安装了3条手工生产线和1条半自动生产线，运行状态良好。所有生产设备全部生产P1产品，几年以来一直只在本地市场进行销售，有一定的知名度，客户也很满意。

企业上一年盈利300万，增长已经放缓。生产设备陈旧，产品、市场单一，企业管理层长期以来墨守成规，导致企业已经缺乏必要的活力，目前虽尚未衰败，但也近乎停滞不前。鉴于此，公司董事会及全体股东决定将企业交给一批优秀的新人去发展，他们希望新的管理层能够把握时机，抓住机遇，投资新产品开发，使公司的市场地位得到进一步提升；在全球市场广泛开放之际，积极开发本地市场以外的其他新市场，进一步拓展市场领域；扩大生产规模，采用现代化生产手段，努力提高生产效率，全面带领企业进入快速发展阶段。

任务二　设定模拟企业初始状态

模拟企业总资产为1.05亿，其中流动资产52M，流动资产包括现金、应收账款、存货等，其中存货又细分为在制品、成品和原料。

1. 现金20M

请财务总监领取一桶灰币（共计20M）放置于"现金库"位置。

2. 应收账款15M

为获得尽可能多的客户，企业一般采用赊销策略，即允许客户在一定期限内缴清货款而不是货到立即付款。应收账款是分账期的，请财务总监领取15个灰币，置于"应收账款"

项目二 设置模拟企业初始状态

3 账期位置（账期的单位为季度，灰币为现金，彩币为原料）。

3. 在制品 8M

在制品是指处于加工过程中，尚未完工入库的产品。大厂房中有 3 条手工生产线、1 条半自动生产线，每条生产线上各有 1 个 P1 产品。手工生产线有 3 个生产周期，靠近原料库的为第一周期，3 条手工生产线上的 3 个 P1 在制品分别位于第一、二、三周期。半自动生产线有两个周期，P1 在制品位于第一周期。

每个 P1 产品由两部分构成：R1 原材料 1M 和人工费 1M，取一个空桶放置 1 个 R1 原料（红色彩币）和 1 个人工费（灰币）构成 1 个 P1 产品。由生产总监、采购总监与财务总监配合制作 4 个 P1 在制品并摆放到生产线上的相应位置。

4. 成品 6M

P1 成品库中有 3 个成品，每个成品同样由 1 个 R1 原材料 1M 和人工费 1M 构成。由生产总监、采购总监配合制作 3 个 P1 成品并摆放到"P1 成品库"中。

5. 原料 3M

R1 原料库中有 3 个原材料，每个价值是 1M。由采购总监取 3 个空桶，每个空桶中分别放置 1 个 R1 原料，并摆放到"R1 原料库"。

除以上需要明确表示的价值之外，还有已向供应商发出的采购订货，预订 R1 原料两个，采购总监将两个空桶放置到"R1 原料订单"处。

企业共有固定资产 53M，固定资产包括厂房、生产设施等。

6. 大厂房 40M

企业拥有自主厂房——大厂房，价值 40M。请财务总监将等值资金用桶装好放置于"大厂房价值处"。

7. 设备价值 13M

企业创办 3 年以来，已购置了 3 条手工生产线和 1 条半自动生产线，扣除折旧，目前手工生产线账面价值为 3M，半自动生产线账面价值 4M。请财务总监取出 4 个空桶，分别装入 3M、3M、3M、4M，并分别置于生产线下方的"生产线净值"处。

企业共有负债 41M，负债包括短期负债、长期负债及各项应付款。

8. 长期负债 40M

企业有 40M 长期借款，分别于长期借款第四年和第五年到期。我们约定每个空桶代表 20M，请财务总监将两个空桶分别置于第四年和第五年位置。如果以高利贷方式融资，可用倒置的空桶表示，于"短期借款"处放置。

9. 应付税 1M

企业上一年税前利润 4M，按规定需交纳 1M 税金。税金是下一年度交纳，此时没有对应操作。

任务三 学习模拟企业财务报表

企业财务报表见表2-1,表2-2。

表2-1 利润表

项 目		金额/百万
销售收入	+	35
直接成本	-	12
毛利	=	23
综合费用	-	11
折旧前利润	=	12
折旧	-	4
支付利息前利润	=	8
财务收入/支出	+/-	4
额外收入/支出	+/-	
税前利润	=	4
所得税		1
净利润	=	3

表2-2 资产负债表

资 产		金额/百万	负债+权益		金额/百万
现金	+	20	长期负债	+	40
应收款	+	15	短期负债	+	0
在制品	+	8	应付款	+	0
成品	+	6	应交税	+	1
原料	+	3	一年到期的长贷	+	0
流动资产合计	=	52	负债合计	=	41
固定资产			权益		
土地和建筑	+	40	股东资本	+	50

项目二 设置模拟企业初始状态

续表

资　产		金额/百万	负债+权益		金额/百万
机器和设备	+	13	利润留存	+	11
在建工程	+	0	年度净利	+	3
固定资产合计	=	53	所有者权益合计	=	64
总资产	=	105	负债+权益	=	105

★ 企业实录：根据所给出的企业初始资产及负债情况进行企业现场盘点，并填表2-3。

表2-3　盘点表

序号	名称	金额	备注
1	现金		
2	应收款		＿期＿个＿期＿个＿期＿个
3	在制品		P1＿＿＿＿　P2＿＿＿＿　…
4	成品		P1＿＿＿＿　P2＿＿＿＿　…
5	原料		R1＿＿＿＿　R2＿＿＿＿ R3＿＿＿＿　R4＿＿＿＿
6	土地和建筑		大厂房＿＿＿＿　小厂房＿＿＿＿
7	机器和设备		手工线＿＿＿＿　半自动线＿＿＿＿
8	在建工程		
9	长期负债		＿＿＿＿年
10	其他		

项目三

熟悉模拟企业运营规则及市场预测

任务一　熟悉模拟企业运营规则

1. 市场划分与市场准入

市场是企业进行产品销售的场所，标志着企业的销售潜力。目前，企业除拥有本地市场外，还有区域市场、国内市场、亚洲市场、国际市场有待开发。而开发不同的市场所需要的时间和资金投入也不同，在市场开发完成之前，企业没有进入该市场销售的权利。开发不同市场所需时间和资金投入见表3-1。

表3-1　开发不同市场所需时间和资金投入

市场	开拓费用/M	持续时间/年	备　　注
区域	1	1	各市场开发可同时进行 资金短缺时可随时中断或终止投入 开发费用按开发时间平均支付，不允许加速投资 市场开拓完成后，领取相应的市场准入证 所有已进入的市场，每年需投入1M维持，否则视为放弃了该市场
国内	2	2	
亚洲	3	3	
国际	4	4	

2. 销售会议与订单争取

每年年初各企业的营销总监与客户见面并召开销售会议，根据市场地位、产品广告投入、市场广告投入和市场需求及竞争态势，按照如下顺序选单。

① 上年在该市场所有产品的总销售额最大的企业（市场老大）。

② 各个企业按单个产品的广告投入量的多少。

③ 若在同一产品上有多家企业的广告投入相同,则按该市场上全部产品的广告投入量决定选单顺序。

④ 若市场的广告投入量也相同,则按上年订单销售额的排名决定顺序;否则通过招标方式选择订单。

广告是分市场、分产品投放的,投入1M有一次选取订单的机会,以后每多投2M增加一次选单机会。如投入7M表示准备拿4张订单,但是否能有4次拿单的机会则取决于市场需求、竞争态势等;投入2M准备拿一张订单,只是比投入1M的优先拿到订单。在填写广告单时,广告投入是按市场、按产品登记,如果想获得标有ISO9000、ISO14000的订单,必须在相应的栏目中投入1M的广告费,见表3-2。

表3-2 广告单登记　　　　　　　　　　　　　　　　　　　　　百万

第三年本地				第三年区域				第三年国内			
产品	广告	9K	14K	产品	广告	9K	14K	产品	广告	9K	14K
P1	3			P1				P1	1		
P2	2		1	P2	1			P2	1		1
P3	1			P3				P3	1		
P4				P4				P4			
合计	12										
签字确认	王芳										

3. 客户订单

客户需求用客户订单卡片的形式表示,如图3-1所示,卡片上标注了市场、产品、产品数量、单价、订单价值总额、账期、特殊要求等要素。

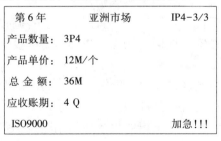

图3-1 客户订单

如果没有特别说明,普通订单可以在当年内任一季度交货。如果由于产能不够或其他原因导致本年不能交货,企业为此应受到如下惩罚:

① 因不守信用市场地位下降一级。
② 下一年该订单必须最先交货。
③ 交货时扣除该张订单总额的25%（取整）作为违约金。
④ 如果上年的市场老大没有按期交货，市场地位下降，则本年该市场没有老大。

卡片上标有"加急！！！"字样的订单，必须在第一季度交货，延期罚款处置同上所述。因此，营销总监接单时要考虑企业的产能。当然，如果企业乐于合作，不排除委外加工的可能性。

订单上的账期代表客户收购时货款的交付方式。若为0账期，则现金付款；若为3账期，则代表客户付给企业的是3个季度到期的应收账款。

如果订单上标注了ISO9000和ISO14000，那么要求生产单位必须取得了相应认证并投放了认证的广告费。两个条件均具备才能得到这张订单。

4. 厂房购买、租赁与出售

企业目前拥有自主厂房大厂房，价值40M。另有小厂房可供选择使用，有关各厂房购买、租赁、出售的相关信息见表3-3。

表3-3 厂房购买、租赁与出售

厂房	买价/M	每年租金/M	售价/M	容量
大厂房	40	5	40（4Q）	6条生产线
小厂房	30	3	30（4Q）	4条生产线

说明：年底决定厂房是购买还是租赁，出售厂房计入4Q应收款，购买后将购买价放在"厂房价值"处，厂房不提折旧。

5. 生产线购买、转产与维护、出售

企业目前有3条手工生产线和1条半自动生产线，另外可供选择的生产线还有全自动生产线和柔性生产线。不同类型生产线的主要区别在于生产效率和灵活性。生产效率是指单位时间内生产产品的数量；灵活性是指转产生产新产品时设备调整的难易性。

购买：投资新生产线时按安装周期平均支付投资；全部投资到位的，下一个季度领取产品标识，开始生产。

转产：现有生产线转产生产新产品时可能需要一定转产周期并支付一定转产费用，最后一笔支付到期一个季度后方可更换产品标识。

维护：当年在建的生产线和当年出售的生产线不用交维护费。

出售：出售生产线时，如果生产线净值小于残值，将净值转换为现金；如果生产线净值大于残值，将相当于残值的部分转换为现金，将差额部分作为费用处理。

折旧：每年按生产线净值的1/3取整计算折旧。当年建成的生产线不提折旧，当生产线净值小于3M时，每年提1M折旧。

项目三　熟悉模拟企业运营规则及市场预测

有关生产线购买、转产与维修、出售的相关信息见表 3-4。

表 3-4　生产线购买、转产与维修、出售

生产线	购买价格/M	安装周期/Q	生产周期/Q	转产周期/Q	转产费用/M	每年维护费用/M	出售残值/M
手工线	5	无	3	无	无	1	1
半自动	8	2	2	1	1	1	2
全自动	16	4	1	2	4	1	4
柔性线	24	4	1	无	无	1	6

说明：所有生产线都能生产所有产品，所需支付的加工费相同，1M/产品。

6. 产品生产

产品研发完成后，可以接单生产。生产不同的产品需要的原料不同，各种产品所用到的原料及数量如图 3-2 所示。

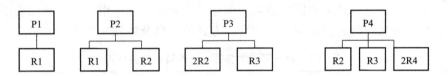

图 3-2　P 系列产品的 BOM 结构

每条生产线同时只能有一个产品在线。产品上线时需要支付加工费，不同生产线需要支付的加工费都是 1M，空生产线才能上线生产，一条生产线只能生产一个产品。上线生产必须有原料，否则必须"停工待料"。

7. 原材料采购

根据上季度所下采购订单接受相应原料入库，用空桶表示原材料订货，将其放在相应的订单上。R1、R2 订购必须提前一个季度；R3、R4 订购必须提前两个季度。

8. 产品研发

企业目前可以生产并销售 P1 产品。根据预测，另有技术含量依次递增的 P2、P3、P4 的 3 种产品有待开发。不同技术含量的产品，需要投入的研发时间和研发投资是有区别的，见表 3-5。

表 3-5　产品的研发时间和研发费用

产　　品	P2	P3	P4
研发时间/Q	6	6	6
研发投资/M	6	12	18

新产品研发投资可以同时进行，按季度平均支付或延期，资金短缺时可以中断；但必须完成投资后方可接单生产，研发投资计入综合费用，研发投资完成后持全部投资换取产品生产资格证。

9. ISO 认证

随着中国加入 WTO，客户的质量意识和环境意识越来越清晰。经过一定时间的市场孕育，最终会反映在客户订单中。企业要进行 ISO 认证，需要经过一段时间并花费一定费用，认证投资计入当年综合费用，见表 3-6。

表 3-6 国际认证需投入的时间及认证费用

ISO 认证体系	ISO9000 质量认证	ISO14000 环境认证	备注说明
持续时间/年	2	3	两项认证投资可同时进行或延期，
认证费用/M	2	3	相应投资完成后领取 ISO 资格证

10. 融资贷款与资金贴现

资金是企业的血液，是企业任何活动的支撑。本企业尚未上市，所以其融资渠道只能是银行借款、高利贷和应收账款贴现。几种融资方式的利息及还款见表 3-7。

表 3-7 企业可能的各项融资手段及财务费用

贷款类型	贷款时间	贷款额度	年息	还款方式
长期贷款	每年年末	权益的 2 倍	10%	年底付息，到期还本
短期贷款	每季度初	权益的 2 倍	5%	到期一次还本、付息
高利贷	任何时间		20%	到期一次还本、付息
资金贴现	任何时间	视应收款额	1∶6	变现时贴息

说明：长期贷款最长期限为 5 年，短期贷款及高利贷期限为 1 年，不足 1 年的按 1 年计息；

长期贷款每年需还利息，短期贷款到期时还本付息，贷款只能是 20 的倍数；

资金贴现在有应收款时随时可以进行，金额是 7 的倍数，不论应收款期限长短，拿出 7M 交 1M 的贴现费。

11. 内部流程及控制

各个模拟企业要先制订各项计划，比如销售计划、设备投资与改造计划、生产计划、采购计划、资金计划等。计划制订之后，企业的日常运营将在 CEO 的领导下，按照任务清单所指示的程序及顺序进行，不得提前或滞后相关操作。企业应该对每个季度的要点进行记录，以便于核查、分析。

（1）任务清单。任务清单中包括了各模拟企业进行日常运营时必须执行的工作任务及必须遵守的工作流程。由CEO主持，按照任务清单所列工作内容及先后顺序开展工作，每执行完一项操作，CEO在相应的方格内打钩确认，以示完成；如果涉及现金收支业务，财务总监在相应方格内填写现金收支情况。

（2）订单登记表。用于记录本年取得的客户订单。年初营销总监参加订货会，争取到客户订单，随后进行订单登记，填写订单登记表中的订单号、市场、产品、数量、账期、销售额项目。按订单交货时，登记成本项目，计算毛利项目。年末，如果有未按时交货的，在"未售"栏目中单独标注。

（3）产品核算统计表。产品核算统计表是按产品品种对销售情况统计，是对各品种本年销售数据汇总。本年销售的数据一般是订单登记表中合计数-本年未售+上年未售。

（4）综合管理费用明细表。用于记录企业日常运营过程中发生的各项费用。对于市场准入开拓、ISO资格认证和产品研发不仅要记录本年投入的总金额，还要在备注栏内说明明细。市场准入开拓、ISO资格认证在备注栏中相关项目上打钩确认；产品研发在对应项目后的括号中填写实际投入金额。

（5）利润表。年末，要核算企业当年的经营成果，编制利润表。利润表中各项目的计算见表3-8（如果前几年利润为负数，今年的盈利可用来弥补以前的亏损，可以减除的亏损至多为三年）。

表3-8　利润表的编制　　　　　　　　　　　　　　（编报单位：百万）

项　目	行　次	数据来源
销售收入	1	产品核算统计表中的销售额合计
直接成本	2	产品核算统计表中的成本合计
毛利	3	第一行数据-第二行数据
综合费用	4	管理+广告+维修+租金+转产+市场准入+ISO+研发+其他
折旧前利润	5	第三行数据-第四行数据
折旧	6	上年设备价值的1/3，向下取整
支付利息前利润	7	第五行数据-第六行数据
财务收入/支出	8	借款、高利贷、贴现等支付的利息
额外收入/支出	9	出租厂房的收入、购销原材料的收支
税前利润	10	第七行数据+财务收入+其他收入-财务支出-其他支出
所得税	11	第十行数据除以3取整
净利润	12	第十行数据-第十一行数据

（6）资产负债表。年末，要编制反映企业财务状况的资产负债表。资产负债表中各项目的计算见表 3-9。

表 3-9　资产负债表的编制　　　　　　　　　　　（编报单位：百万）

资产	数据来源	负债+权益	数据来源
现金	盘点现金库中的现金	长期负债	长期负债——一年内到期的长期负债
应收款	盘点应收账款	短期负债	盘点短期借款
在制品	盘点生产线上的在制品	应付款	盘点应付账款
成品	盘点成品库中的成品	应交税	根据利润表中的所得税填列
原料	盘点原材料库中的原料	一年到期的长贷	盘点一年内到期的长期借款
流动资产合计	以上五项之和	负债合计	以上五项之和
固定资产		权益	
土地和建筑	厂房价值之和	股东资本	股东不增资的情况下为 50
机器和设备	设备价值	利润留存	上一年的利润留存+上一年利润
在建工程	在建设备价值	年度净利	利润表中的净利润
固定资产合计	以上三项之和	所有者权益合计	以上三项之和
总资产	流动资产+固定资产	负债+权益	负债合计+所有者权益合计

任务二　分析产品需求市场

这是由一家权威的市场调研机构对未来六年里各个市场的需求的预测，应该说这一预测有着很高的可信度，如图 3-3～图 3-13 所示。但根据这一预测进行企业的经营运作，其后果将由各企业自行承担。

P1 产品是目前市场上的主流技术，P2 作为对 P1 的技术改良产品，也比较容易获得大众的认同。

P3 和 P4 产品作为 P 系列产品里的高端技术，各个市场上对它们的认同度不尽相同，需求量与价格也会有较大的差异。

本地市场将会持续发展，客户对低端产品的需求可能要下滑。伴随着需求的减少，低端产品的价格很有可能会逐步走低。后几年，随着高端产品的成熟，市场对 P3、P4 产品的需求将会逐渐增大。同时随着时间的推移，客户的质量意识将不断提高，后几年可能会对厂商是否通过了 ISO9000 认证和 ISO14000 认证有更多的要求。

项目三　熟悉模拟企业运营规则及市场预测

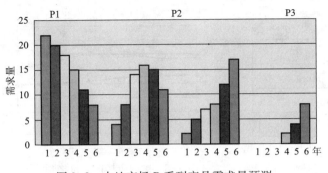

图3-3　本地市场P系列产品需求量预测

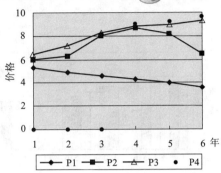

图3-4　本地市场产品价格预测

区域市场的客户对P系列产品的喜好相对稳定，因此市场需求量的波动也很有可能会比较平稳。因其紧邻本地市场，所以产品需求量的走势可能与本地市场相似，价格趋势也应大致一样。该市场的客户比较乐于接受新的事物，因此对于高端产品也会比较有兴趣，但由于受到地域的限制，该市场的需求总量非常有限。并且这个市场上的客户相对比较挑剔，因此在后几年客户会对厂商是否通过了ISO9000认证和ISO14000认证有较高的要求。

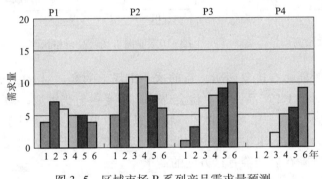

图3-5　区域市场P系列产品需求量预测

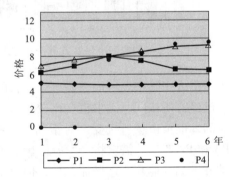

图3-6　区域市场产品价格预测

因P1产品带有较浓的地域色彩，估计国内市场对P1产品不会有持久的需求。但P2产品因为更适合于国内市场，所以估计需求会一直比较平稳。随着对P系列产品新技术的逐渐认同，估计对P3产品的需求会发展较快，但这个市场上的客户对P4产品却并不是那么认同。当然，对于高端产品来说，客户一定会更注重产品的质量保证。

亚洲市场上的客户喜好一向波动较大，不易把握，所以对P1产品的需求可能起伏较大，估计P2产品的需求走势也会与P1相似。但该市场对新产品很敏感，因此估计对P3、P4产品的需求会发展较快，价格也可能不菲。另外，这个市场的消费者很看重产品的质量，所以在后几年里，如果厂商没有通过ISO9000和ISO14000的认证，其产品可能很难销售。

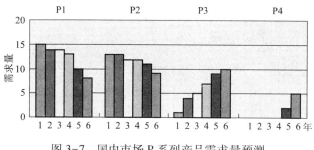

图 3-7 国内市场 P 系列产品需求量预测

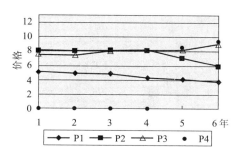

图 3-8 国内市场产品价格预测

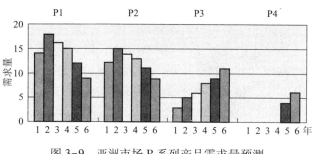

图 3-9 亚洲市场 P 系列产品需求量预测

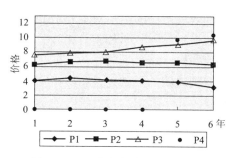

图 3-10 亚洲市场产品价格预测

进入国际市场可能需要一个较长的时期。有迹象表明，目前这一市场上的客户对 P1 产品已经有所认同，需求也会比较旺盛。对于 P2 产品，客户将会谨慎地接受，但仍需要一段时间才能被市场所接受。对于新兴的技术，这一市场上的客户将会以观望为主，因此对于 P3 和 P4 产品的需求将会发展极慢。因为产品需求主要集中在低端，所以客户对于 ISO 的要求并不如其他几个市场那么高，但也不排除在后期会有这方面的需求。

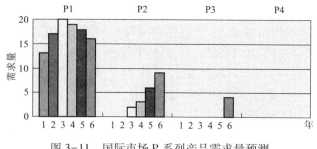

图 3-11 国际市场 P 系列产品需求量预测

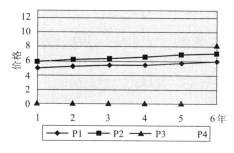

图 3-12 国际市场产品价格预测

在沙盘模拟训练中，每个组接手的都是一个已经运营了 3 年的企业，这个企业长期以来一直专注于某行业 P 系列产品的生产与经营，目前生产的 P1 产品在本地市场知名度很高，

项目三 熟悉模拟企业运营规则及市场预测

客户也很满意。同时企业拥有自己的厂房,生产设施齐备,状态良好。最近,一家权威机构对该行业的发展前景进行了预测,认为 P 产品将会从目前的相对低水平发展为一个高技术产品。本书给出了市场预测图,市场预测是各企业能够得到的关于产品市场需求预测的唯一可以参考的有价值的信息,对市场预测的分析与企业的营销方案策划息息相关。在市场预测中发布了近几年关于行业产品市场的预测资料,包括各市场、各产品的总需求量、价格情况、客户关于技术及产品的质量要求等。在市场预测中,我们用直方图表示产品的需求数量,用折线图表示产品的预期价格,还用文字形式加以说明,其中尤其需要注意客户关于技术及产品的质量要求等细节。对于这个市场预测图的详细分析,本书不便给出,因为市场预测需要每组学生认真钻研,正是因为学生的理解力和分析力的不同,各个企业才会做出不同的分析结果,进而做出不同的决策和战略,这样企业才会印上学生个性特点。否则各个企业将会沿着一个方向发展,不利于企业长期的、整体的、个性化的发展。

下面我们只给出几点提示:

一个成功的企业战略来源于对市场的正确分析。在制订企业长远规划前一定要认真分析市场,市场预测是对市场趋势的判断。在 ERP 沙盘中市场趋势分为区域性趋势和时间性趋势。区域性趋势是指 5 个市场(本地、区域、国内、亚洲、国际)的需求量及价格的变化;时间性趋势是指从第一年到第六年每种产品需求数量和价格的变化。无论是区域性还是时间性,我们发现每种产品的价格和需求数量都有一个最高值和最低值,所以在制定战略的时候,就要考虑开发哪些市场(根据自己的产能大小),什么时候开发(根据企业的总体战略和资金情况),选择哪个市场作为自己的细分市场(是不是占据了有利的地位),在哪个市场主要销售哪种产品(根据该市场该产品的需求数量和需求价格确定)。当然还要视竞争对手的情况而定,充分估计竞争对手可能进入的市场,尽量避开竞争激烈的市场,比如,在第二年,各个对手都在生产 P1,并且大多数组年初都有库存,而在第二年市场只有本地和区域市场,那么各个企业对 P1 的争夺一般会比较激烈,在这种情况下,企业投放广告应该采取稳健性原则。对于 ISO 认证开发,可以认真分析市场预测下面的小字部分,通过分析,我们发现对 9 K 和 14 K 的需求一般都是后几年,也就是第四年以后,那么如果前期资金紧张,可以第二年再研发 9 K,国内市场对质量认证有较高要求,亚洲市场对 9 K 和 14 K 要求都较高,那么打广告的时候就要有一定的侧重点。

P1 产品由于技术水平低,虽然近几年需求较旺,但未来需求将会逐渐下降;P2 产品是 P1 的技术改进版,前两年增长比较迅速,其后需求趋于平稳;P3、P4 为全新技术产品,发展潜力很大——投资研发新产品应当是企业的当务之急。

在客户需求市场,本地市场需求将持续保持旺盛,但未来的区域市场、国内市场、亚洲市场也将有很大的需求增长量。在 4 年之后,国际市场的需求也很诱人——企业如果希望有较大的发展,开拓其他市场刻不容缓。

而我们接手的企业目前只有 3 条手工生产线和 1 条半自动生产线,目前生产能力比较落后，P 系列产品生产应采用更先进的设备——企业如果希望适应未来的发展，生产能力提升迫在眉睫。

目前在整个行业中，可以生产相同产品的企业还有 5 家，这 5 家无论在资产规模、生产能力、市场占有、资金状况等方面与本厂不相上下，企业在未来能够生存并且发展的过程中，市场竞争将是十分残酷的。

★ 企业实录：根据给出的产品需求及价格变动情况，写出本企业市场分析成果。

（1）_____

（2）_____

（3）_____

（4）_____

（5）_____

（6）_____

项目四

企业的经营管理分析

任务一 企业的战略分析

一、企业战略管理的内涵

ERP 沙盘模拟是对企业经营管理的全方位展现，通过学习，可以培养学生的战略管理、营销管理、生产管理、财务管理、人力资源管理等各方面的能力。在一定的时间内，企业只能做有限的事，因此目标一定要明确。

"战略"一词来源于军事，意为作战的谋略。后来逐渐被引申至政治和经济领域。战略是一种从全局考虑和谋划，以实现全局目标的计划与策略。企业战略是战略在企业这一特定领域的具体应用。企业战略是指企业为了实现长期的生存和发展，在综合分析企业内部条件和外部环境的基础上做出的一系列带有全局性和长远性的谋划。企业战略管理要素包括：

（1）产品与市场。企业战略管理首先要确定企业的产品与市场领域，不仅要确定企业现在要做什么，而且要考虑企业将来应该做什么。

（2）成长方向。在明确产品与市场领域的基础上，企业经营活动应向什么方向发展成为第二个战略管理要素。例如，是在现有产品市场进行扩张，还是开发新产品？是在新的市场开发现有产品，还是在新的市场开发新的产品？

（3）竞争优势。明确企业在产品与市场领域成长发展中的优势与条件，既要正确认识企业的竞争优势，还要充分利用企业的竞争优势。

（4）协同效应。企业应在从现有产品与市场领域向新的产品与市场领域拓展时取得"1+1>2"或"5-3>2"的效果。协同效应可表现在各个方面，如投资协同效应、管理协同效应、生产协同效应、技术协同效应等。

二、企业愿景、使命与战略目标

实施战略管理之前必须确定企业的愿景,在此基础上明确企业的使命,然后形成企业的战略目标。愿景是指一个组织或个人希望达到或创造的理想图景。企业愿景是对未来的一种憧憬和期望,是企业努力经营想要达到的长期目标,体现企业永恒的追求。例如,迪士尼公司的愿景是"成为全球的超级娱乐公司";索尼公司的愿景是"成为最知名的企业,改变日本产品在世界上的劣质形象"。使命是一个组织之所以存在的理由或价值。它要回答"我们的企业为什么要存在的问题",明确的使命会使企业更成功,没有明确的使命必然导致企业的最终失败。战略目标是企业愿景与使命的具体化。战略目标反映了企业在一定时期内经营活动的方向和所要达到的水平,如业绩水平、发展速度等。战略目标要有具体的数量特征和时间界限。战略目标是企业制定战略的基本依据和出发点,是战略实施的指导方针和战略控制的评价标准。

三、企业战略分析

战略分析是整个战略管理过程的起点,对于企业制定何种战略具有至关重要的作用。战略分析包括外部环境分析和内部环境分析。

(一) 外部环境分析

外部环境分析包括宏观环境分析、行业环境分析和经营环境分析。

1. 宏观环境分析

宏观环境分析中的关键要素包括政治因素(Politic)、经济因素(Economic)、社会因素(Social)、技术因素(Technological)、生态因素(Environmental)和法律因素(Legal)。对上述六种因素进行宏观环境分析的方法,一般称为 PESTEL 分析法。

2. 行业环境分析

行业环境分析的目的在于分析行业的盈利能力。影响行业盈利能力的因素有许多,迈克尔·波特(Michael E. Porter)将主要影响因素概括为"五力模型"(Michael Porter's Five Forces Model)又称波特竞争力模型。五力分别是:供应商的讨价还价能力、购买者的讨价还价能力、潜在竞争者进入的能力、替代品的替代能力、行业内竞争者现在的竞争能力。五种力量模型将大量不同的因素汇集在一个简便的模型中,以此分析一个行业的基本竞争态势,如图 4-1 所示。

3. 经营环境分析

企业进行经营环境分析时最好在企业所属行业内的主要市场中为每个主要竞争对手建立档案。分析竞争对手的主要作用在于帮助企业建立自己的竞争优势,包括价格、产品范围、制造质量、服务水平等。同时对消费者进行分析,对消费者的主要特征及消费者如何做出购

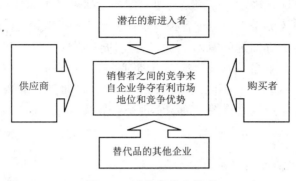

图 4-1 波特竞争力模型

买决定进行描述。同时还要考虑到融资者、劳动力市场状况等。

(二) 内部环境分析

内部环境分析包括企业资源分析、企业能力分析和企业核心竞争力分析。

1. 企业资源分析

在企业资源分析中,企业应当全面分析和评估内部资源的构成、数量和特点,识别企业在资源禀赋方面的优势和劣势。有效利用外部环境提供的机会并消除可能的威胁,从而获取持久的竞争优势。如须充分分析企业现有的物质资源、财务资源、品牌、商誉、技术、专利、商标、企业文化、企业家才能、团队能力、客户忠诚度等。

2. 企业能力分析

企业能力是指企业配置资源并发挥其生产和竞争作用的能力,如研发能力、生产管理能力、营销能力、财务能力和组织管理能力等。企业的研发能力,能够加快产品的更新换代,不断提高产品质量,降低产品成本,更好地满足消费者的需求;营销能力可引导消费、争取竞争优势,以实现经营目标;财务能力体现在筹集资金的能力及使用、管理所筹资金的能力。

3. 企业核心竞争力分析

核心竞争力是指能为企业带来竞争优势的资源和能力,是企业所特有的、能够经得起时间考验的、具有延展性的,并且是竞争对手难以模仿的技术或能力。企业具备多种资源,但是,并不是所有的资源都能形成核心竞争力,相反有的可能会削弱企业的核心竞争力。战略分析的一个重点是识别哪些资源可以形成企业的核心竞争力。

四、制定企业总体战略

企业战略管理体系可以细分为企业总体战略、经营战略和职能战略。

企业总体战略的目标是确定企业未来一段时间的总体发展方向，协调企业下属的各个业务单位和职能部门之间的关系，合理配置企业资源，培育企业核心能力，实现企业目标。企业总体战略主要强调两个方面的问题：一是"公司应该做什么业务"，即从公司全局出发，根据外部环境的变化及企业的内部条件，确定企业的使命与任务、产品与市场领域；二是"怎样管理这些业务"，即在企业不同的战略事业单位之间如何分配资源以及采取何种成长方向等，以实现公司整体的战略意图。为了实现企业战略目标，企业总体战略通常可以划分为三种类型：成长型战略、稳定型战略和收缩型战略。

五、制定企业经营战略和职能战略

（一）经营战略

经营战略也称竞争战略，是指在给定的一个业务或行业内，企业用于区分自己与竞争对手业务的方式，或者说是企业在特定市场环境中如何营造、获得竞争优势的途径或方法。主要分为成本领先战略、差异化战略和集中化战略。

成本领先战略也称为低成本战略，是指企业通过有效途径降低成本，使企业的成本低于竞争对手的成本，甚至是在同行业中最低，从而获取竞争优势的一种战略。通过低成本生产，制造商在价格上可以与行业中的任一制造商竞争，并赚取更高的单位利润。

差异化战略是指企业针对大规模市场，通过提供与竞争者存在差异的产品或服务以获取竞争优势的战略。这种差异性可以来自设计、品牌形象、技术、性能、营销渠道或客户服务等各个方面。

集中化战略是针对某一特定购买群、产品细分市场或区域市场，采用成本领先或差异化以获取竞争优势的战略。采用集中化战略的企业，由于受自身资源和能力的限制，无法在整个产业实现成本领先或者差异化，故而将资源和能力集中于目标细分市场，实现成本领先或差异化。

（二）职能战略

职能战略是为贯彻、实施和支持企业战略与经营战略而在企业特定的职能管理领域制定的战略。职能战略的重点是提高企业各种资源的利用效率，使企业各种资源的利用效率最大化。职能战略根据企业的业务职能部门及作用可分为研发战略、生产战略、营销战略、财务战略、人力资源战略等。研发战略是围绕企业战略所确定的产品和市场战略，通过科学的调查和分析而制定的产品开发和工艺开发战略，它为企业产品的更新换代、生产效率的提高和生产成本的降低提供了科学基础和技术保证。生产战略决定如何通过生产运作活动来达到企业的整体战略目标。营销战略是根据企业战略定位，在市场调研以及顾客分析和竞争分析的基础上，对企业市场营销目标、产品和市场定位、营销策略及其组合的总体谋划。财务战略的目标是确保资本配置合理和使用有效而最终实现公司战略。

六、业务组合管理模型

针对企业现在业务之间的战略关系以及如何在综合考虑企业内部条件和外部环境约束前提下选择正确的经营策略，可使用波士顿矩阵与SWOT模型。

（一）波士顿矩阵

波士顿矩阵是美国波士顿咨询公司（BCG）在1960年为一家造纸公司做咨询而提出的一种投资组合分析方法。这种方法是把企业生产经营的全部产品或业务组合作为一个整体，分析企业相关经营业务之间现金流量的平衡问题，以便将企业有限的资源有效地分配到合理的产品结构中去。

波士顿矩阵的横轴表示企业业务的市场份额，用市场占有率表示，反映了企业在市场上的竞争地位；纵轴表示市场增长率，用销售增长率表示，反映了企业经营业务在市场上的相对吸引力。波士顿矩阵如图4-2、表4-1所示。

图4-2 波士顿矩阵

表4-1 波士顿矩阵的内容

类型	特征
明星业务	具有高增长、强竞争地位，是企业资源的主要消耗者，需要大量投资
问题业务	具有高增长、低竞争地位，处于最差的现金流量状态
瘦狗业务	具有低增长、弱竞争地位，处于饱和的市场之中，竞争激烈、盈利率低
金牛业务	具有低增长、强竞争地位，处于成熟的低速增长市场，市场地位有利，盈利率高，大量现金结余

（二）SWOT模型

SWOT是一种分析方法，最早是由美国旧金山大学韦里克教授于20世纪80年代初提出的。所谓SWOT分析法，是指一种综合考虑企业内部条件和外部环境的各种因素，进行系统评价，从而选择最佳经营战略的方法。这里S是指企业内部的优势（Strengths），W是指企业内部的劣势（Weaknesses），O是指企业外部环境的机会（Opportunities），T是指企业外部环境的威胁（Threats），也可以称为SO战略、WO战略、ST战略和WT战略，如图4-3所示。

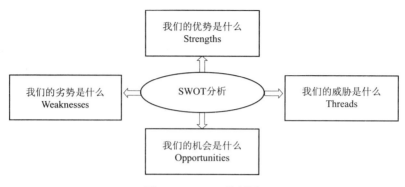

图 4-3 SWOT 分析图

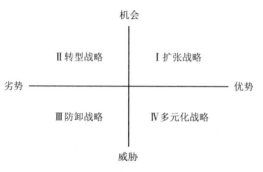

图 4-4 制定企业战略

SWOT 分析的指导思想就是在全面把握企业内部优劣势与外部环境的机会和威胁的基础上，制定符合企业未来发展的战略，发挥优势、克服不足，利用机会、化解威胁，如图 4-4 所示。

我们可以选取某模拟企业的数据进行分析，如图 4-5 所示。

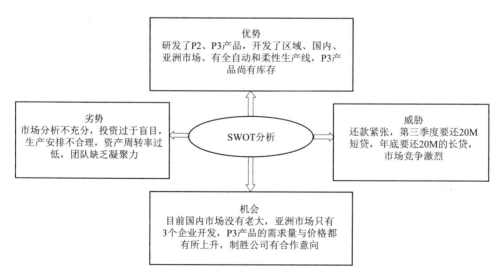

图 4-5 企业 SWOT 分析实例

如图 4-5 所示，企业高层管理人员根据企业的使命和目标，通过 SWOT 法分析企业经营的外部环境，确定存在的机会（可能在亚洲和国内有较高的市场份额，P3 产品将实现较大的销售额）和威胁（由于还款，可能造成现金断流，选择订单时应注意账期）；评估自身的内部条件，认清企业的优势（产品品种多、市场范围广、生产能力强）和劣势（努力提高员工素质，在市场预测与产能计算上加大力度）。在此基础上，企业要制定用以完成使命、达到目标的战略，即进行战略选择，实施战略计划。

★ 企业实录：根据企业情况填写下列内容。

（1）认真学习企业战略管理的相关知识，高层领导充分分析讨论后制定企业战略。

_____

_____

_____

_____

_____

_____

（2）利用迈克尔·波特的"五力模型"分析本企业所属的行业环境。

_____

_____

_____

_____

（3）利用波士顿矩阵分析本企业现有业务（可运营两年后填写）。

_____

_____

_____

_____

（4）对本企业进行 SWOT 分析。

_____

_____

_____

任务二 企业的风险分析

一、认识企业风险

企业风险是指未来的不确定性对企业实现其目标的影响,一般用事件后果和发生可能性的组合来表达。企业在市场竞争环境中,将受到各种事件的影响,这些事件对目标的实现均有积极或消极的影响。

企业风险管理是一个过程,它由一个主体的董事会、管理层和其他人员实施,应用于战略制定并贯穿于企业之中,旨在识别可能会影响企业的潜在事件,并通过管理风险使不利因素控制在该企业的可承受范围之内,并为企业目标的实现提供合理保证。

二、企业风险管理方法

在内部环境的基础上,企业风险管理流程分为目标设定—风险识别—风险评估—风险应对—风险监控与评价。

(一)目标设定

设定合理的目标才能保证企业成功经营。目标设定是信息搜集、风险识别、风险评估的前提。企业应通过制定程序使各项目标与企业的使命相协调,并且确保所选择的具体目标及其所面临的风险在企业愿意承受的风险水平(即风险容量)的范围内,即目标设定环节应确定风险容量和容限。

风险容量与企业董事会风险偏好和可承受的风险水平(风险容忍度)相关。企业可承受的风险水平应尽可能用定量表示,主要决定因素包括:财务实力是否雄厚、运营能力是否高效、企业及品牌声誉是否坚不可摧、企业营运市场的竞争能力等。企业风险偏好一般应当处于企业的风险容量之内。风险容限是相对于目标实现所能接受的偏离程度。

(二)风险识别

风险识别是识别可能会对企业产生影响的潜在事件,并分别确定是否有机会或者会对企业成功实施战略和实现目标的能力产生负面影响。带来负面影响的事件需要加以评估和应对,而对企业有利的机会则可以将其反馈到战略和目标设定过程中去。

风险识别建立在广泛的信息搜集基础上,既要考虑已经发生的,还要着眼未来。风险识别的应用技术包括调查问卷、风险组合清单、职能部门风险汇总、SWOT 分析高级研讨会及头脑风暴等。企业处于不同时期所进行的风险识别的重点或关键因素是不同的。在多种情况下,多个风险可能影响一个目标的实现,通常使用鱼骨图或潜在风险分类图表示。

（三）风险评估

风险评估是在风险识别的基础上，进一步考虑潜在风险影响企业目标实现的程度，为风险应对策略提供支持。一般采用定性和定量相结合的方法，从发生的可能性和影响程度两个方面对风险进行评估。风险评估既包括对企业个别潜在风险正面和负面影响的评估，也包括对企业分类潜在风险正面和负面影响的评估。

风险评估需要定性、定量以及定性与定量相结合的技术。定性技术包括列举风险清单、风险评级和风险矩阵等方法。定量技术包括概率技术和非概率技术。概率技术包括风险"模型"（风险价值、风险现金流量和风险收益）、损失分布、事后检验等；非概率技术包括敏感性分析、情景分析、压力测试、设定基准等。

（四）风险应对

风险应对策略包括风险承受、风险规避、风险分担和风险降低。

风险承受是指企业对所面临的风险采取接受的态度，从而承担风险带来的后果。企业因风险管理能力不足未能辨认出的风险只能承受，对于辨认出的风险，也可能由于以下几种原因采取风险承受策略：

（1）缺乏能力进行主动管理，对这部分风险只能承受。

（2）没有其他备选方案。

（3）从成本效益考虑，风险承受是最适宜的方案。需指出的是，对企业的重大风险，不应采取风险承受的策略。

风险规避是指企业主动回避、停止或退出某一风险的商业活动或商业环境，避免成为风险的承受者。

风险分担是指企业为避免承担风险损失，有意识地将可能产生损失的活动或与损失有关的财务后果转移给其他方的一种风险应对策略，包括风险转移和风险对冲。

风险降低是指企业在权衡成本效益之后，采取适当的控制措施降低风险或者减轻损失，将风险控制在风险承受度之内的策略，具体包括风险转换、风险补偿和风险控制。

（五）风险监控与评价

企业风险监控的目标是确保企业风险管理的运行持续有效。一般来说，业务部门应开展持续性监控，而风险管理部门或审计部门负责专项评价。一个特定单元或职能机构（如分公司、分厂、财务部门等）的人员应对所负责的业务进行自我评价。风险监控中发现的重要缺陷向上级部门报告，重大缺陷应向公司管理层或董事会报告。风险管理人员应擅长从风险监控中学习风险分析、评估、控制措施有效性，提升风险管理的能力，注意减少不必要或不恰当的、复杂的控制措施。

★ 企业实录：查阅相关资料，使用鱼骨图对本企业的风险进行识别，并找出相应的风险应对策略。

项目四　企业的经营管理分析

任务三　企业的预算分析

一、认识全面预算管理

全面预算管理，是指企业以战略目标为导向，通过对未来一定期间内的经营活动和相应的财务结果进行全面预测和筹划，科学、合理配置企业各项财务和非财务资源，并对执行过程进行监督和分析，对执行结果进行评价和反馈，指导经营活动法人改善和调整，进而推动实现企业目标的管理活动。

通过编制全面预算，企业可以将战略规划和经营目标细化分解为各预算执行单位的具体工作目标和行动计划。企业需要确立收益预期、费用预期、人员需求预期，以及未来的增长或收缩预期，以发现经营中的"瓶颈"，提高资源的配置效率。通过编制预算，能够改善组织内部的沟通，如企业总目标与子目标的协调，部门之间目标的协调。

全面预算管理的内容主要包括经营预算、专门决策预算和财务预算。

经营预算，是指与企业日常业务直接相关的一系列预算，包括销售预算、生产预算、采购预算、费用预算、人力资源预算等。专门决策预算指企业重大的或不经常发生的、需要根据特定决策编制的预算，包括投融资决策预算等。财务预算是指与企业资金收支、财务状况或经营成果等有关的预算，包括资金预算、预计资产负债表、预计利润表等。

全面预算管理的终极目标是促进实现企业的发展战略，预算管理应以战略规划和经营目标为导向。预算管理的流程可分为预算编制、预算执行（预算控制、预算调整等）和预算考评三个阶段。

二、编制企业全面预算

（一）确定预算目标

实施预算管理的首要环节是编制预算，而编制全面预算的重要前置工作是确定预算目标。确定预算目标时，除了应当考虑确定预算目标的一般原则外，通常还应考虑出资人对预算目标的预期、以前年度实际经营情况（例如，确定预算年度的营业收入、利润总额、应收账款、存货、资产总额、资产负债率、经营活动现流量等预算目标时，通常应当考虑上述指标的上一年度实际值以及前三年平均值）、预算期内重大事项的影响、企业所处发展阶段的特点（处于初创阶段的企业，预算目标的重点应倾向于产品和市场的开发；处于成长阶段的企业，利润目标成为预算重点；处于成熟阶段的企业，成本费用目标成为预算重点）。

预算目标的确定可应用如下几种方法：

1. 利润增长率法

利润增长率法：根据上期实际利润总额和过去连续若干期间的几何平均利润增长率（增长幅度），全面考虑影响利润的有关因素的预期变动而确定企业目标利润的方法。

2. 比例预算法

比例预算法：通过利润指标与其他相关经济指标的比例关系来确定目标利润的方法。销售利润率、成本费用利润率、投资报酬率等财务指标均可用于测定企业的目标利润。

目标利润=预计销售收入×测算的销售利润率（测算的销售利润率可选取以前几个会计期间的平均销售利润率）

目标利润=预计营业成本费用×核定的成本费用利润率（核定的成本费用利润率可以选取同行业平均或先进水平来确定）

目标利润=预计投资资本平均总额×核定的投资报酬率

3. 本量利分析法

本量利分析法，也叫做盈亏平衡分析法，目标利润=目标边际贡献−固定成本=预计销量收入−变动成本−固定成本=预计产品产销量×（单位产品售价−单位产品变动成本）−固定成本

此外还有上加法、标杆法等，感兴趣的同学可以自己查阅相关资料学习。

（二）编制全面预算

企业应当本着遵循经济活动规律，充分考虑符合企业自身经济业务特点、基础数据管理水平、生产经营周期和管理需要的原则，选择或综合运用预算编制方法编制预算。常见的预算编制方法有：定期预算法、增量预算法、固定预算法、零基预算法、滚动预算法、弹性预算法、项目预算法、作业基础预算法等。

定期预算法是以不变的会计期间（如日历年度或财年）作为预算期间的一种预算编制方法。能够使预算期间与会计期间相对应，有利于将实际数和预算数比较，有利于对各预算执行单位的预算执行情况进行分析和评价。但不能使预算的编制常态化，不能使企业的管理人员始终有一个长期的计划和打算，从而导致一些短期行为的出现。这种方法主要适用于企业内、外部环境相对稳定的企业。

增量预算法是以上年度的预算为起点，根据销售额和运营环境的预计变化，自上而下或自下而上地调整上一年度预算中的各个项目。优点是编制简单，省时省力。缺点是预算规模会逐步增大，可能会造成预算松弛及资源浪费。

固定预算法是定期地、按照固定的业务量来编制预算的一种方法。它是根据某预算期间内正常的、可实现的某一业务量水平编制的预算。固定预算法的主要优点是编制相对简单，也容易使管理者理解。缺点是不能适应运营环境的变化，容易造成资源错配和重大浪费。固定预算法主要适用于业务量水平较为稳定的生产和销售业务的成本费用预算的编制，如直接

项目四　企业的经营管理分析

材料预算、直接人工预算和制造费用预算等。

此外零基预算法、滚动预算法、弹性预算法、项目预算法、作业基础预算法等，感兴趣的同学可以自己查阅相关资料学习。

成功的预算编制应与企业战略管理流程相一致，指标体系科学合理，假设合理，预测的准确性高。年度预算经批准后，原则上不作调整。企业应在制度中严格明确预算调整的条件、主体、权限和程序等事宜，当内外战略环境发生重大变化或突发重大事件等，导致预算编制的基本假设发生重大变化时，可进行预算调整。

★ 企业实录：认真学习预算相关知识，做好本企业年度预算（在"项目六　企业运营实录"中填写）。

任务四　模拟企业的盈利分析

企业是营利性组织，其出发点和归宿是盈利。企业一旦成立，就会面临竞争，并始终处于生存和倒闭、发展和萎缩的矛盾之中。企业必须生存下去，才可能获利，只有不断地发展才能求得生存。因此，我们在管理企业的时候，总的目标应该是生存、发展和获利。

1. 生存（Going-concern）

企业只有生存，才可能获利。企业生存的土壤是市场，包括产品市场、金融市场、人力资源市场、技术市场等。企业在市场中生存下去的基本条件是以收抵支。企业一方面付出货币，从市场上获取所需的资源；另一方面提供市场需要的商品和服务，从市场上换回货币。企业从市场获得的货币至少要等于付出的货币，以便维持继续经营，这是企业长期存续的基本条件。因此，企业的生命力在于它能不断创新，以独特的产品和服务取得收入，并且不断降低成本，减少货币的流出。如果出现相反的情况，企业没有足够的货币从市场换取必要的资源，企业就会萎缩，直到无法维持最低的运营条件而终止。如果企业长期亏损，扭亏无望，就失去了存在的意义。为避免进一步扩大损失，所有者应主动终止营业。

企业生存的另一个基本条件是到期偿债。企业为扩大业务规模或满足经营周转的临时需要，可以向其他个人或法人借债。国家为维持市场经济秩序，通过立法规定债务人必须"偿还到期债务"，必要时"破产偿债"。企业如果不能偿还到期债务，就可能被债权人接管或被法院判定破产。

因此，企业生存的主要威胁来自两方面：一个是长期亏损，它是企业终止的内在原因；另一个是不能偿还到期债务，它是企业终止的直接原因。亏损企业为维持运营被迫进行偿债性融资，借新债还旧债，如不能扭亏为盈，迟早会借不到钱而无法周转，从而不能偿还到期债务。盈利企业也可能出现"无力支付"的情况，主要是借款扩大业务规模，冒险失败，为偿债必须出售不可缺少的厂房和设备，使生产经营无法继续下去。力求保持以收抵支和偿还到期债务的能力，减少破产的风险，使企业能够长期、稳定地生存下去，是对公司理财的第一个要求。

2. 发展（Development）

企业是在发展中求生存的。

企业的生产经营如"逆水行舟"，不进则退。在科技不断进步的现代经济中，产品不断更新换代，企业必须不断推出更好、更新、更受顾客欢迎的产品，才能在市场中立足。在竞争激烈的市场上，各个企业此消彼长、优胜劣汰。一个企业如不能发展，不能提高产品和服务的质量，不能扩大自己的市场份额，就会被其他企业排挤出去。企业的停滞是其死亡的前奏。

企业的发展集中表现为扩大收入。扩大收入的根本途径是提高产品的质量，扩大销售的数量，这就要求不断更新设备、技术和工艺，并不断提高各种人员的素质，也就是要投入更多、更好的物质资源、人力资源，并改进技术和管理。在市场经济中，各种资源的取得都需要付出货币。企业的发展离不开资金。

因此，筹集企业发展所需的资金，是对公司理财的第二个要求。

3. 获利（Profit）

企业必须能够获利，才有存在的价值。

建立企业的目的是盈利。已经建立起来的企业，虽然有改善职工收入、改善劳动条件、扩大市场份额、提高产品质量、减少环境污染等多种目标，但是，增加盈利是最具综合能力的目标。盈利不但体现了企业的出发点和归宿，而且可以概括其他目标的实现程度，并有助于其他目标的实现。

从财务上看，盈利就是使资产获得超过其投资的回报。在市场经济中，没有"免费使用"的资金，资金的每项来源都有其成本。每项资产都是投资，都应当是生产性的，要从中获得回报。例如，各项固定资产要充分地用于生产，要避免存货积压，尽快收回应收账款，利用暂时闲置的现金等。财务主管人员务必使企业正常经营产生的和从外部获得的资金能以产出最大的形式加以利用。因此，通过合理、有效地使用资金使企业获利，是对公司理财的第三个要求，如图4-6所示。

企业经营之初要筹集资本，也就是图4-6的右边部分。资本的构成有两个来源：① 负债：一个是长期负债，一般是指企业从银行获得的长期贷款；另一个是短期负债，一般是指企业从银行获得的短期贷款。② 权益：一般是指企业创建之初时，所有股东的集资，以后也代表股东投资。图4-6中的左边部分代表企业的资产构成。在企业筹集了资本之后，进行采购厂房和设备、引进生产线、购买原材料、生产加工产品等活动，余下的资本（资金），就是企业的流动资金了。

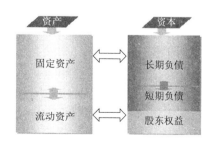

图4-6 资本与资产的平衡

项目四 企业的经营管理分析

可以这么说,企业的资产就是资本转化过来的,而且是等值地转化。所以在财务的资产负债表中,左边与右边一定是相等的。表4-2所示资产负债表左边资产总计是105,右边负债+所有者权益也是105。

表4-2 资产负债表　　　　　　　　　　　　　　　×年×月×日

百万

资产	期初数	期末数	负债和所有者权益	期初数	期末数
流动资产			负债		
现金	20		长期负债	40	
应收账款	15		短期负债		
在制品	8		应付账款		
成品	6		应交税金	1	
原料	3		一年内到期的长期负债		
流动资产合计	52		负债合计	41	
固定资产			所有者权益		
土地和建筑	40		股东资本	50	
机器与设备	13		利润留存	11	
在建工程			年度净利	3	
固定资产合计	53		所有者权益合计	64	
资产总计	105		负债和所有者权益总计	105	

企业通过运作资产,包括生产产品、组织销售、拿到销售收入等活动,来为股东产生收益。利润来自销售,但销售额不全都是利润。我们在拿回销售款之前,必须要采购原材料、支付工人工资,还有其他生产加工时必需的费用,最终生产出产品。当产品卖掉,拿回销售额时,收入中要抵扣掉这些直接成本。除此之外,收入中还要抵扣掉企业为形成这些销售支付的各种费用,包括产品研发费用、广告投入费用、市场开拓费用、设备维修费用等。这些费用也是在拿到收入之前已经支付的。此外,设备、厂房在生产运作后一定会贬值,就好比10万元的一辆汽车,开3年之后肯定不值10万,资产缩水了,与资本转换成资产的价值产生了差额,这部分损失应当从销售额中得到补偿。也就是销售额中应当抵扣的部分。经过3个方面的抵扣之后,剩下的部分才是利润。资本中有很大一块来自银行的贷款,企业在很大程度上是靠银行的资金产生利润的;而银行之所以贷款给企业,当然需要收取利息回报。所以利润中需要划拨给银行一部分。企业在运营之中,离不开国家的"投入"。比如,道路——企业要使用国家投资建设的城市道路,而修公路、环境保护和绿化都是由国家投资去

做的，而企业是享受者，所以，盈利后，给国家纳税天经地义。最后的净利润，才是股东的，如图 4-7 所示。

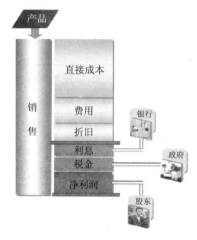

图 4-7 利润的来源

我们也可以用企业的利润表来说明图 4-7，见表 4-3。

表 4-3 利润表　　　　　　　　　　　　　　　　　　×年×月

项　　目	上年数/百万
销售收入	35
直接成本	12
毛利	23
综合费用	11
折旧前利润	12
折旧	4
支付利息前利润	8
财务收入/支出	4
其他收入/支出	
税前利润	4
所得税	1
净利润	3

股东创办企业的目的是扩大财富，他们是企业的所有者，企业价值最大化就是股东财富

最大化。要使股东权益最大化,我们应该做到"开源节流"。

首先,我们解释一下:什么叫开源?开源就是要增加销售额,销售额增加,利润才可能有较大的增加,如图4-8所示。销售额增加的直接方法就是多卖产品,而目前我们只在本地市场上卖P1产品,销售渠道少,竞争对手多,而以后的P2、P3产品将有很大的需求,价格也很高,所以,要想开源就必须开拓新的市场,研发新的产品,除此之外,目前我们的3条手工生产线,1条半自动线,要想多生产产品,生产能力远远跟不上,所以必须提高产能。

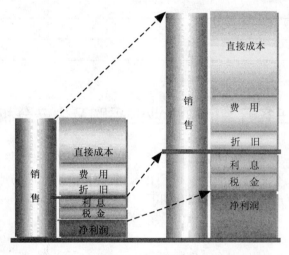

图4-8 开源

其次,增加利润不能只考虑扩大销售。如果不能有效地控制成本,利润的增加同样是非常有限的,如图4-9所示。

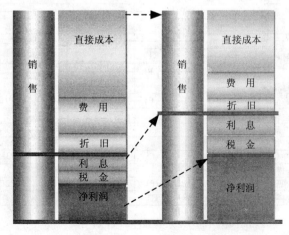

图4-9 节流

如何有效地"节流"？就是对企业进行全成本核算。

综上所述，企业的目标是生存、发展和获利。企业的这个目标要求公司理财完成筹措资金、有效地投放和使用资金的任务。企业的成功以至于生存，在很大程度上取决于它过去和现在的财务政策。公司理财不仅与资产的获得及合理使用的决策有关，而且与企业的生产、销售管理发生直接联系。

★ 企业实录：请各企业总结本企业的运营状况，做企业的盈利分析（第三年后）。

任务五　模拟企业的采购及生产分析

企业在接单时不能想拿几张订单就拿几张，在这里一定要做到"知己"，即应当知道自己的产能，否则年底交不上货，不但要按销售额的25%罚款，市场地位还要下降一级，所以接单前一定要先计算产能，产能计算有如下三种方法。

1. 表格计算法

如图4-10所示，通过画表格的方法可以准确地计算出每年每个季度每条生产线的产量及原材料的定购数量。

生产线		第一年				第二年				一季度
		一季度	二季度	三季度	四季度	一季度	二季度	三季度	四季度	
1 手工线	产品			P1			P1			P1
	材料		R1			R1			R1	
2 手工线	产品		P1			P1			P1	
	材料	R1			R1			R1		
3 手工线	产品	P1			P1	P1 P2				
	材料			R1			R1R2			R1R2
4 半自动	产品		P1		P1		P1		P1	
	材料	R1		R1		R1		R1		
5 全自动	产品						P2		P2	
	材料					R1R2	R1R2	R1R2	R1R2	
6 全自动	产品						P3		P3	
	材料					R3	2R2R3	2R2R3	2R2	
合计	产品	1P1	2P1	1P1	2P1	1P1	2P1	1P1	2P1 2P3	
	材料	2R1	1R1	2R1	R1	2R1	2R12R3	R3		

图4-10　采购及生产计划图解

以第一条手工线为例,如果第一年第三季度线 1 可以下线一个 P1 产品,那么意味着同期将可以上线一个 P1 产品,要上线必须先有原材料,R1、R2 需要提前一个季度订货,R3、R4 需要提前两个季度订货,根据产品的 BOM 图,我们知道 P1 主要是由 R1 原材料组成,所以第三个季度要上线一个 P1,第二季度一定要下一个 R1 的原材料订单。手工线 1 三个季度下线一个产品,第一年第三个季度上线的 P1 将在第二年的第二季度下线……

如果转产,以手工线 3 为例,该线第二年的第三季度下线了一个 P1 产品,根据产品的价格和市场需求量,我们觉得该线生产 P2 更为合理(P2 已研发成功),且手工线转产周期和转产费用为零,如果第三季度该线上线 P2 产品,那么第二季度必须下一个 R1 和一个 R2 的原材料采购订单,否则就得停工待料。对于全自动生产线,以线 6 为例,第二年第三季度要上 P3 产品,根据产品的 BOM 图,必须在第一季度下一个 R3 订单,第二季度下两个 R2 订单,这样才能保证产品上线,当然我们在订购原材料的时候,要注意扣减已有的原材料库存。

2. 位置观察法

手工生产线生产周期是三个季度,所以用手工生产线生产,年初生产线上的在制产品状态应当有三种,如图 4-11 所示。

在这里,也有手工线上没有产品的情况,但是设备闲置,企业的 ROA 必定很小。因为设备是资产,资产不生产产品时,销售额一定小,按照计算公式

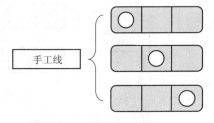

图 4-11 产品状态图

$$ROA = \frac{净利润}{总资产} = \frac{净利润}{销售额} \times \frac{销售额}{总资产} = 销售利润率 \times 资产周转率$$

资产周转率必定下降,所以我们尽量不要让设备闲置。那么我们看这三种情况,如图 4-12 所示。

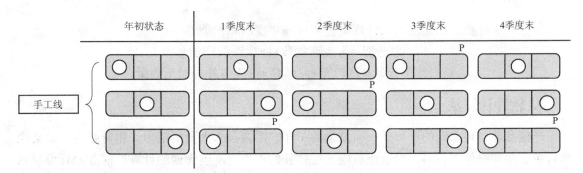

图 4-12 手工生产线产能计算

每个标记P代表下线的产品。而且只有第三种状态手工生产线才可以生产下线两个产品。每条生产线的平均产能为1.3个。关于原材料的定购,当产品位于生产线上2Q的位置时,可以根据产品的BOM图预订R1、R2原材料,位于1Q位置时预订R3、R4原材料,如季初第二条线,如果在制品为P1,那么此季度需下一个R1原材料以维持P1的继续生产;如果在制品为P2,则应下一个R1和一个R2的原材料采购订单;如果在制品为P3,为了维持其生产,需要下两个R2的原材料采购订单,至于R3原材料则应在当产品位于2Q位置时的第四季度下。

半自动生产线产能计算简单一些,生产周期为两个季度,每条生产线的产能为2个,如图4-13所示。原材料的定购应该在产品位于生产线上1Q的位置时,可以根据产品的BOM图预订R1、R2原材料,位于2Q位置时预订R3、R4原材料。

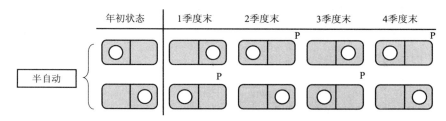

图4-13　半自动线产能计算

全自动生产线生产周期是1个季度,所以每条生产线的产能是4个,如图4-14所示。

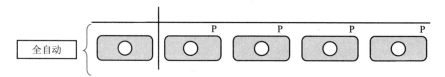

图4-14　全自动线产能计算

通过以上分析,我们就可以计算出企业这一年度的总产能

总产能=∑生产线数目×生产线产能

最大接单数量=总产能+总库存+可能的外协加工数量

3. 软件计算法

产能和原材料采购的计算是一项复杂的工作,需要投入大量的精力,稍有疏忽,就会误拿订单、生产线停工待料,对企业造成无法弥补的损失,准确无误的计算产能和制订原材料的采购计划是所有企业关注的一个大问题。

现代企业都在搞信息化建设,信息化建设要求用信息化的方法科学地管理企业,将繁重的手工作业利用自动化的方法高效率高准确率地完成。对于本课程涉及的产能及采购计划的制订就可以利用 Excel VBA 编写一个简单的小程序来计算，见表 4-4。

我们通过计算制订原材料订单，既避免原材料大量积压，减少不必要的资金占用；也避免原材料的短缺，影响生产计划的执行。这才是科学的管理方式。

表 4-4　原材料的采购计划

生产计划　　　　　　　　　　　　　　　　　　　　　　　　　　　　　　　　　个

产品	第一年				第二年				第三年				第四年				第五年				第六年			
	1	2	3	4	1	2	3	4	1	2	3	4	1	2	3	4	1	2	3	4	1	2	3	4
P1	0	0	1	0	0	0	0	0	0	1	2	4	0	0	0	0	0	0	0	0	0	0	0	0
P2	2	1	0	0	1	1	0	0	2	2	0	3	0	0	0	0	0	0	0	0	0	0	0	0
P3	1	0	0	0	0	0	0	0	1	0	5	3	0	0	0	0	0	0	0	0	0	0	0	0
P4	1	0	0	0	0	0	0	0	1	1	1	5	0	0	0	0	0	0	0	0	0	0	0	0

原料订单计划　　　　　　　　　　　　　　　　　　　　　　　　　　　　　　　个

原料	3	4	1	2	3	4	1	2	3	4	1	2	3	4	1	2	3	4	1	2	3	4	1	2	3	4
R1			1	1	0	1	1	0	0	2	3	2	7	0	0	0	0	0	0	0	0	0	0	0	0	
R2			1	0	0	1	1	0	5	3	11	14	0	0	0	0	0	0	0	0	0	0	0	0	0	
R3			0	0	0	0	0	2	1	6	8	0	0	0	0	0	0	0	0	0	0	0	0	0	0	
R4			0	0	0	0	0	2	2	2	10	0	0	0	0	0	0	0	0	0	0	0	0	0	0	
合计			2	1	0	2	2	0	4	10	14	31	21	0	0	0	0	0	0	0	0	0	0	0	0	0

预计原材料付款　　　　　　　　　　　　　　　　　　　　　　　　　　　　　百万

	1	2	3	4	1	2	3	4	1	2	3	4	1	2	3	4	1	2	3	4	1	2	3	4
	0	2	1	0	2	2	0	0	11	9	21	39	0	0	0	0	0	0	0	0	0	0	0	0

预计人工工资　　　　　　　　　　　　　　　　　　　　　　　　　　　　　　百万

	1	2	3	4	1	2	3	4	1	2	3	4	1	2	3	4	1	2	3	4	1	2	3	4
	4	1	1	0	1	1	0	0	4	4	8	15	0	0	0	0	0	0	0	0	0	0	0	0

★ 企业实录：填写"项目六 企业运营实录"中的生产计划及采购计划。

项目五

企业的综合评价

任务一 广告投入产出比分析

广告投入产出比分析,是评价广告投入收益率的指标,其计算公式为

广告投入产出比=订单销售总额/广告投入

广告投入产出比分析用来比较各企业在广告投入上的差异。这个指标告诉经营者:本公司与竞争对手之间在广告投入策略上的差距,以警示营销总监深入分析市场和竞争对手,寻求节约成本、策略取胜的突破口。

图5-1中比较了第五年A-F六个企业的广告投入产出比,从中可以看出,C企业每1M的广告投入可以为它带来17M的销售收入,因此广告投入产出比胜过其他企业。通过相关数据分析原因,我们发现E组打广告较为均衡,且避开了竞争较为激烈的市场,产品种类多,而E组在打广告上的失误是没有充分分析市场,没有注意到技术认证的重要性,造成了产品的积压,在这里,E企业应该认真分析自己与C企业在广告策略上的差距,不断地取长补短。

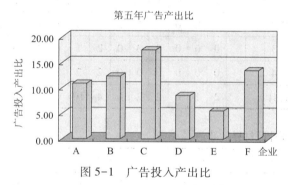

图5-1 广告投入产出比

★企业实录:计算本企业各年广告投入产出比,见表5-1。

表5-1 企业各年广告投入产出比

企业运营年度	1	2	3	4	5	6
广告投入产出比						

任务二 成本分析

成本分析从以下两个方面着手：通过计算各项费用占销售的比例揭示成本与收入的关系，通过成本变化趋势发现企业经营过程中的问题；企业成本由多项费用要素构成，了解各费用要素在总体成本中所占的比例，分析成本结构，从比例较高的那些费用支出项入手，分析发生的原因，提出控制费用的有效方法。

费用比例的计算公式为

$$费用比例 = 费用/销售收入$$

我们通过图 5-2 的数据进行分析。

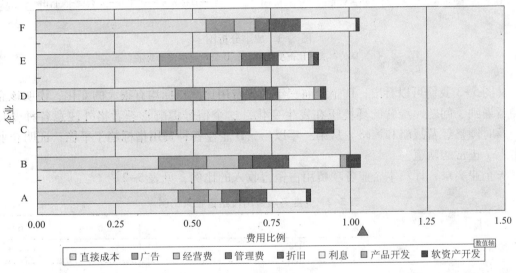

图 5-2 综合费用分析图

我们将各费用比例相加，再与 1 相比，则可以看出总费用占销售比例的多少，如图 5-2 所示，B 企业和 F 企业超过 1，说明支出大于收入，企业亏损，并可以直观地看出亏损的程度。通过观察，我们发现，B 企业的广告、利息和折旧都较大，而 B 企业今年的销售额很大，说明 B 企业可能前期上的生产线较多，后期折旧就大，由于盲目投资，过度借贷，导致现金周转不灵，只能利用资金贴现或者高利贷来维持企业运营。这就要求 B 企业在下一年度的运营中做好广告策略，节省开支，做好筹资投资决策和财务预算。

企业经营是持续性的活动，由于资源的消耗和补充是缓慢进行的，所以单从某一时间点上很难评价一个企业经营的好坏。比如，广告费用占销售的比例，单以一个时点来评价，无法评价好坏。但在一个时点上，可以将这个指标同其他同类企业横向来比，评价该企业在同类企业中的优劣。在企业经营过程中,很可能由于在某一时点出现了问题,而直接或间接地影响了企业未来的经营活动,所以不能轻视经营活动中的每一个时点的指标状况。那么如何通过每一时点的指标数据发现经营活动中的问题,引起我们的警惕呢?在这里,给出一个警示信号,这就是比例变化信号,如图5-3所示。

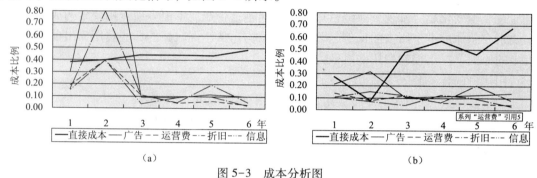

图5-3 成本分析图

(a) D公司成本比例变化;(b) D公司成本比例变化

从图5-3我们可以看出,D企业前三年的各费用比率指标均有很大的变化,说明该企业的经营遇到了问题,经营的环境正在发生变化,这个信号提醒管理者格外注意各种变化情况,及时调整经营战略和策略。从第三年以后,D企业各种费用指标趋于平稳,证明企业运营走上了正常的轨道。

★企业实录:计算本企业各项费用占销售收入的比例,见表5-2。

表5-2 企业各项费用占销售收入比例

项目/年度	1	2	3	4	5	6
直接成本						
广告						

任务三　财务分析

（一）财务分析的概念

在市场经济条件下，与企业有经济利害关系的有关方面通常要对企业的财务状况进行分析。

关于企业财务分析的含义，可以有很多认识与理解。从分析的内容来看，财务分析既可以指对企业历史的财务状况与成果进行的分析，也可以是指对企业将要实施的投资项目在财务方面进行评价与分析，等等。从分析的主体来看，既可以指从外部股权投资者和债权人的角度利用财务报表对企业财务状况进行分析，也可以指从企业内部管理者的角度对企业整体和局部的财务状况进行的分析，还可以指企业内部管理者从管理者的角度对企业整体和局部未来财务状况的预测分析。

本书所指财务分析是企业的有关信息使用者以企业的财务报告及其相关会计资料为基础，借助于一定的财务指标和步骤，对企业的财务报告和经营结果进行分析和评价的一种方法。财务分析是财务管理的主要方法之一，它是对企业一定期间的财务活动的总结，为企业进行下一步的财务预测和财务决策提供依据。

但是，财务分析是个认识的过程，通常只能发现问题而不能提供解决问题的现成答案，只能做出评价而不能改善企业的状况、提出最终的解决问题的方法。

（二）财务分析的目的

对企业进行财务分析所依据的资料是客观的，但是，不同的人员所关心问题的侧重点不同，因此，进行财务分析的目的也不同。企业经营管理者，为改善企业的财务决策必须全面了解企业的生产经营状况和财务状况，他们进行财务分析的目的和要求是全面的；企业投资者的利益与企业的经营成果密切相关，他们更关心企业的资本盈利能力、企业生产经营的前景和投资风险；企业的债权人则主要关心企业能否按期还本付息，他们一般侧重于分析企业的偿债能力。综合起来，进行财务分析的目的主要有：

（1）评价企业的偿债能力。通过对企业的财务报告等会计资料进行分析，可以了解企业资产的流动性、负债水平以及偿还债务的能力，从而评价企业的财务状况和经营风险，为企业经营管理者、投资者和债权人提供财务信息。

（2）评价企业的资产管理水平。企业的生产经营过程就是利用资产取得收益的过程。资产是企业生产经营活动的经济资源，资产的管理水平直接影响到企业的收益，它体现了企业的整体素质。进行财务分析，可以了解到企业资产的保值和增值情况，分析企业资产的管理水平、资金周转状况、现金流量情况等，为评价企业的经营管理水平提供依据。

（3）评价企业的获利能力。获取利润是企业的主要经营目标之一，它也反映了企业的综合素质。企业要生存和发展，必须争取获得较高的利润，这样才能在竞争中立于不败之地。投资者和债权人都十分关心企业的获利能力，获利能力强可以提高企业偿还债务能力，提高企业的信誉。对企业获利能力的分析不能仅看其获取利润的绝对数，还应分析其相对指标，这些都可以通过财务分析来实现。

（4）评价企业的发展趋势。无论企业的经营管理者，还是投资者、债权人，都十分关注企业的发展趋势，这关系到他们的切身利益。通过对企业进行财务分析，可以判断出企业的发展趋势，预测企业的经营前景，从而为企业经营管理者和投资者进行经营决策和投资决策提供重要的依据，避免决策失误给其带来重大的经济损失。

（三）基本财务比率

我们以表5-3和表5-4为例，对基本的财务比率进行讲解。

表5-3 利 润 表　　　　×年×月

项目	本年/百万					
	A	B	C	D	E	F
销售收入	57	78	78	123	83	113
直接成本	28	33	30	54	39	44
毛利	29	45	48	69	44	69
综合费用	13	24	17	23	19	17
折旧前利润	16	21	31	46	25	52
折旧	3	9	7	12	7	10
支付利息前利润	13	12	24	34	18	42
财务收入/支出	11	15	7	6	14	10
额外收入/支出			1	1		
税前利润	2	−3	18	29	4	32
税						
净利润	2	−3	18	29	4	32

项目五　企业的综合评价

表 5-4　资产负债表　　　　　　　　　　　　　　　　　　×年×月×日

资产项目	本年/百万						负债+权益	本年/百万					
流动资产	A	B	C	D	E	F	负债	A	B	C	D	E	F
现金	10	13	18	3	42	35	长期负债	40	40	40	60	60	60
应收款	2	2	26	49	30	56	短期负债	20	60	60	60	60	60
在制品	8	21	19	20	16	22	应付款	20					
产成品	6	15	14	16	17	8	应缴税						
原材料	2	4	7	5	2	7	一年到期长贷						
流动资产合计	28	55	84	93	107	128	负债合计	80	100	100	120	120	120
固定资产	第四年						权益	第四年					
土地和建筑	40	40	40	40	40	40	股东资本	50	50	50	50	50	50
机器设备	32	19	10	27	12	14	未分配利润	-32	-33	-34	-39	-15	-20
在建工程							年度利润	2	-3	18	29	4	32
固定资产合计	72	59	50	67	52	54	所有者权益合计	20	14	34	40	39	62
资产总计	100	114	134	160	159	182	负债及权益总计	100	114	134	160	159	182

1. 短期偿债能力比率

短期偿债能力是指企业偿还短期负债的能力。流动负债是将在 1 年内或超过 1 年的一个营业周期内需要偿付的债务，这部分负债对企业的财务风险影响较大，如果不能及时偿还，就可能使企业面临倒闭的危险。在资产负债表中，流动负债与流动资产形成一种对应关系。一般说来，流动负债需以流动资产来偿付，通常它需要以现金来直接偿还。因此，可以通过分析企业流动负债与流动资产之间的关系来判断企业短期偿债能力。通常评价企业短期偿债能力的财务比率主要有流动比率、速动比率等。

（1）流动比率。流动比率是企业流动资产与流动负债的比率。其计算公式为

$$流动比率 = \frac{流动资产}{流动负债}$$

在沙盘中，流动资产主要包括现金、应收款项、存货等，一般是指资产负债表中的期末流动资产总额；流动负债主要包括短期借款、应付及预收款项、各种应交款项、1 年内即将到期的长期负债等，通常也用资产负债表中的期末流动负债总额。根据表 5-4，各个企业的流动比率见表 5-5。

表 5-5 第四年流动比率

企业	A	B	C	D	E	F
流动比率	0.7	0.92	1.40	1.55	1.78	2.13

以 F 企业为例，这表明该企业每有 1 元的流动负债，就有 2.13 元的流动资产作保障。企业能否偿还短期债务，要看有多少短期负债，以及有多少可变现偿债的流动资产。流动资产越多，短期债务越少，则偿债能力越强。如果用流动资产偿还全部负债，企业剩余的是营运资金（营运资金=流动资产-流动负债），营运资金越多说明不能偿还的风险越小。因此，营运资金的多少可以反映偿还短期债务的能力。但是，营运资金是个绝对数，如果企业之间规模相差很大，绝对数相比的意义很有限。而流动比率是个相对数，排除了企业规模不同的影响，更适合企业之间以及本企业不同历史时期的比较。

流动比率是衡量企业短期偿债能力的主要财务比率之一，一般说这个比率越高，企业偿还短期负债的能力越强，但是过高的流动比率并非好现象，因为流动比率过高，可能是企业滞留在流动资产上的资金未能有效地加以利用，可能会影响企业的获利能力。

据西方经验，流动比率在 2 左右比较合适。这是因为流动资产中变现能力最差的存货金额约占流动资产总额的一半，剩下的流动性较强的流动资产至少要等于流动负债，企业的短期偿债能力才会有保证。F 公司的流动比率 2.13，应属于正常范围。实际上，流动比率的分析应该结合不同的行业特点、企业流动资产结构及各项流动资产的实际变现能力等因素。有的行业流动比率较高，有的行业流动比率较低，不可一概而论。一般情况下，影响流动比率的主要因素有营业周期、流动资产中的应收账款数额和存货的周转速度。

有时，流动比率可以被认为粉饰、掩盖其偿债能力。如年终时故意将借款还清，下年年初再借入，这样就可以人为地提高流动比率。假设某一公司拥有流动资产 200 万元、流动负债 100 万元，则流动比率为 2；如果该公司年终编报会计报表时，故意还清 50 万元短期借款，待下年年初再借入，则该公司的流动资产就变成了 150 万元，流动负债变成 50 万元，流动比率为 3。流动比率提高粉饰了短期偿债能力。因此，利用流动比率来评价企业短期偿债能力存在一定的片面性。

（2）速动比率。如前所述，流动比率在评价企业的短期偿债能力时存在着局限性，一个企业可能流动比率很高，但可能流动资产中存货占很大比重，流动资产的变现能力很差，企业仍不能偿还到期债务。因而人们希望获得能比流动比率更准确反映企业短期偿债能力的指标。这个指标就是速动比率，也称酸性测试比率。

速动比率是从流动资产中扣除存货部分，再除以流动负债的比值。速动比率的计算公式为

$$速动比率 = \frac{速动资产}{流动负债}$$

$$速动资产=流动资产-存货$$

速动资产主要包括现金（即货币资金）、应收账款等。计算速动比率时为什么要把存货扣除呢？主要原因有：① 在流动资产中存货的变现能力最差；② 由于某种原因，部分存货可能已经损失报废还没处理；③ 部分存货已经抵押给债权人；④ 存货估价还存在着成本和合理市价相差悬殊的问题。综上所述，在不希望企业用变卖存货的办法偿债，以及排除使人产生种种误解因素的情况下，把存货从流动资产总额中减去而计算出的速动比率反映的短期偿债能力更加令人可信。

根据表 5-4，各企业速动比率见表 5-6。

表 5-6　第四年速动比率

企业	A	B	C	D	E	F
速动比率	0.3	0.25	0.73	0.87	1.20	1.52

根据西方经验，一般来说速动比率为 1 时比较合适，速动比率低于 1 被认为是短期偿债能力比较低，E 公司速动比率为 1.20 属正常范围之内。F 公司的偿债能力较强。

2. 营运能力比率

企业的营运能力反映了企业资金周转状况，对此进行分析，可以了解企业的营业状况及管理水平。资金周转状况好，说明企业的经营管理水平高，资金利用效率高。企业的资金周转状况与供、产、销各个环节密切相关，任何一个环节出现问题，都会影响到企业的资金正常周转。资金只有顺利地通过各个经营环节，才能完成一次循环。在供、产、销各环节中，销售有着特殊的意义。因为产品只有销售出去，才能实现其价值，收回最初投入的资金，顺利地完成一次资金周转。这样就可以通过产品销售与企业资金占用量来分析企业的资金周转状况，评价企业的营运能力。评价企业的营运能力常用的财务比率有存货周转率、应收账款周转率、固定资产周转率、总资产周转率等。

（1）存货周转率。存货周转率是衡量和评价企业购入存货、投入生产、销售收回等各管理状况的综合指标。它是一定时期的销货成本除以平均存货而得的比率，又称存货周转次数。公式如下

$$存货周转率=\frac{销货成本}{平均存货}$$

$$平均存货=\frac{期初存货+期末存货}{2}$$

公式中的销货成本可以从利润表中取数，平均存货是期初存货和期末存货的平均数，可以从资产负债表中取数计算得出。如果企业生产经营活动具有很强的季节性，则年度内各季度的销货成本和存货都会有很大幅度的波动，因此平均存货应按月份或季度余额来计算，先

计算出各月份或各季度的平均存货，然后再计算全年的平均存货。根据表 5-3 和表 5-4，各企业第四年存货周转率见表 5-7。

表 5-7 第四年存货周转率

企业	A	B	C	D	E	F
存货周转率	1.81	0.94	0.83	1.35	0.99	0.98

存货周转率说明一定时期内企业存货周转的次数，可以用来测定企业存货的变现速度，衡量企业的销售能力和存货是否过量。如表 5-7 所示，A 公司的存货周转速度最快，说明其存货的占用水平最低，流动性最强，存货周转为现金和应收账款的速度越快。提高存货周转率可以提高企业的变现能力，而存货周转速度越慢，则变现能力越差。但是，过高的存货周转率，也可能说明企业存货管理方面存在一些问题，如存货水平太低，甚至经常缺货，或采购次数过于频繁，批量太小等。而 C 公司存货周转率较低，可能是由于存货管理不力，销售状况不好，造成存货积压，说明企业在产品销售方面存在一些问题，应当采取积极的销售策略，但也可能是企业调整了经营方针，因某种原因增大存货的结果。

存货周转率指标的好坏反映存货管理水平的高低，它不仅影响企业的短期偿债能力，也是整个企业管理的重要内容之一。

（2）应收账款周转率。应收账款周转率是评价应收账款流动性大小的一个重要财务比率，它是企业一定时期内赊销收入净额和应收账款平均余额的比率，反映应收账款的周转速度。其计算公式如下

$$应收账款周转率 = \frac{赊销收入净额}{应收账款平均余额}$$

$$应收账款平均余额 = \frac{期初应收账款 + 期末应收账款}{2}$$

公式中的赊销收入净额来自利润表，平均应收账款是指资产负债表中"期初应收账款"和"期末应收账款"的平均数。

仍沿用表 5-3 和表 5-4 的数据，各企业的应收账款周转率见表 5-8。

表 5-8 第四年应收账款周转率

企业	A	B	C	D	E	F
应收账款周转率	57.00	13.00	5.38	5.02	2.55	2.86

应收账款周转率反映企业在一个会计年度内应收账款的周转次数，可以用来分析企业应收账款的变现速度和管理效率。B 公司应收账款周转率为 13.00，说明在一年内该公司应收

账款周转13次。一般来说，应收账款周转率越高，说明应收账款收回越快，可以减少坏账损失，而且资产的流动性强，企业的短期偿债能力也会增强，在一定程度上可以弥补流动比率低的不利影响。相反，应收账款周转率越低，比如E公司，企业的营运资金会过多地呆滞于应收账款上，影响正常的资金运转。A公司应收账款周转率为57，可能是由于该公司选择的订单账期较短，也可能是总的销售额过低，因此，在使用该指标进行分析时，要结合该企业前期指标、行业平均水平及其他类似企业的指标相比较，判断该指标的高低，并对该企业作出评价。

（3）固定资产周转率。固定资产周转率也称固定资产利用率，是企业销售收入与固定资产平均净值的比率。其计算公式为

$$固定资产周转率 = \frac{销售收入}{固定资产平均净值} \times 100\%$$

$$固定资产平均净值 = \frac{期初固定资产净值 + 期末固定资产净值}{2}$$

根据表5-3和表5-4有关数据，各公司的固定资产周转率见表5-9。

表5-9 第四年固定资产周转率

企业	A	B	C	D	E	F
固定资产周转率/%	20	31	36	42	37	48

这一比率主要用于对厂方、设备等固定资产的利用效率进行分析，通过上表，我们看到，F公司本年的固定资产周转率最高，说明该公司本年固定资产的利用效率较高，管理水平较好。而A公司固定资产周转率与行业平均水平相比偏低，说明该企业的生产效率较低，没有合理地安排生产和设备的效率最大化，可能会影响企业的获利能力。

（4）总资产周转率。总资产周转率也称总资产利用率，是企业销售收入与企业资产平均总额的比率。其计算公式如下

$$总资产周转率 = \frac{销售收入}{资产平均总额} \times 100\%$$

$$资产平均总额 = \frac{期初资产总额 + 期末资产总额}{2}$$

根据表5-3和表5-4的数据，各公司总资产周转率见表5-10。

表5-10 第四年总资产周转率

企业	A	B	C	D	E	F
总资产周转率/%	58	68	68	85	53	68

总资产周转率可用来分析企业全部资产的利用效率。D 公司的总资产周转率较高，说明企业利用其资产进行经营的效率较高，企业的销售能力较强。企业可以利用薄利多销的办法，加速资产的周转，带来利润绝对额的增加。

3. 财务杠杆比率

在负债总额一定的情况下，负债经营企业的每年的债务利息是固定不变的，当利润增大时，每 1 元利润所负担的利息将会相对减少，从而使投资者的收益更大幅度地提高。这种债务对投资者收益的影响称作财务杠杆。财务杠杆比率即负债比率，是指债务和资产、净资产的关系。它反映企业偿付到期长期债务的能力。反映企业长期偿债能力的财务比率主要有资产负债率、股东权益比率、权益乘数等。

（1）资产负债率。资产负债率是负债总额除以资产总额的比率，它反映在资产总额中有多大比例是通过借债来筹资的，也可以衡量企业在清算时保护债权人利益的程度。其计算公式如下

$$资产负债率 = \frac{负债总额}{资产总额} \times 100\%$$

公式中的负债总额不仅包括长期负债，还包括短期负债。这是因为，短期负债作为一个整体，企业总是长期占有着，可以视为长期资本来源的一部分。例如，某企业第二年年末科目余额表中，应付账款（应付 C 公司）明细科目金额 20M，于第三年年末全部偿还。单就应付 C 公司 20M 来说，它是短暂的，但是作为应付账款总账科目，一般企业都会长期保持一个相对稳定的数额。这部分应付账款可以作为企业长期性资本来源的一部分。本着稳健性原则，将短期债务包括在用于计算资产负债率的负债总额中是合适的。公式中资产总额是扣除累计折旧后的净额。

根据表 5-3 和表 5-4 的数据，各公司资产负债率见表 5-11。

表 5-11　第四年资产负债率

企业	A	B	C	D	E	F
资产负债率/%	80	88	75	75	75	66

资产负债率反映企业偿还债务的综合能力，这个比率越高，企业偿还债务的能力越差；反之，偿还债务的能力越强。F 公司资产负债率为 66%，说明资产总额中有 66% 来源于举债，或者说，E 公司每 66 元债务有 100 元资产作为偿还的后盾。

对资产负债率，企业债权人、股东、企业经营者往往从不同的角度评价。

首先，从债权人的立场看，他们最关心的是贷给企业款项的安全程度，也就是能否按期收回本金和利息。如果这个比率过高，说明在企业全部资产总额中，股东提供的资本只占较小的比率，则企业的风险将主要由债权人负担，这对债权人来说是不利的。因此，他们希望

债务比率越低越好，企业偿债有保障，贷款不会有太大的风险。

其次，从股东的角度看，其关心的主要是投资收益的高低，由于企业通过举债筹措的资金与股东提供的资金在经营中发挥同样的作用，所以，股东所关心的是全部资本利润率是否超过借款的利率借入。在企业所得的全部资本利润率超过因借款而支付的利息率时，股东所得到的利润就会加大。如果相反，运用全部资本所得的利润率低于借款利息率，则对股东不利，因为借入资本的多余利息要用股东所得的利润份额来弥补。因此，从股东的立场看，在资本利润率高于借款利息率时，负债比率越大越好，否则，负债比率越小越好。企业股东通过举债经营的方式，以有限的资本、付出有限的代价而取得对企业的控制权，并且在全部资本利润率高于借款利息率时，可以得到更多的投资收益，即举债经营的杠杆收益。因此，在财务分析中，资产负债比率也被人们称作财务杠杆。

最后，从经营者角度看，他们既要考虑企业的盈利，又要顾及企业所承担的财务风险。资产负债率作为财务杠杆不仅反映了企业的长期财务状况，也反映了企业管理当局的进取精神。如果企业不利用举债经营或者负债比率很小，则说明企业比较保守，对前途信心不足，利用债权人资本进行经营活动的能力比较差。但是，负债也必须有一定限度，负债比率过高，企业的财务风险将增大，一旦资产负债比率超过1，则说明企业资产不够抵债，有濒临破产的危险。

至于资产负债率为多少才是合理的，并没有一个确定的标准。不同行业、不同类型的企业都是有较大差异的。一般而言，处于高速成长时期的企业，其负债比率可能会高一些，这样所有者会得到更多的利益。但是，作为财务管理者在确定企业的负债比率时，一定要审时度势，必须充分估计预期的利润和增加的风险，在二者之间权衡利弊得失，全面考虑企业内部各种因素和企业外部的市场环境，然后才能作出正确决策。

（2）股东权益比率。股东权益比率是股东权益与资产总额的比率，该比率反映资产总额中有多少是股东投入的。其计算公式为

$$股东权益比率 = \frac{股东权益总额}{资产总额} \times 100\%$$

由上述公式可知，股东权益比率与资产负债率之和等于1。因此，这两个比率从不同侧面反映企业长期偿债能力，股东权益比率越大，资产负债比率越小，企业的财务风险就越小，偿还长期债务的能力就越强。

（3）权益乘数。股东权益比率的倒数称为权益乘数，即资产总额是股东权益的多少倍。其公式为

$$权益乘数 = \frac{资产总额}{股东权益总额}$$

该乘数越大，说明股东投入的资本在资产总额中所占的比例越小。

4. 盈利能力比率

盈利能力是指企业赚取利润的能力。盈利是企业的重要经营指标，是企业生存、发展的物质基础。它不仅关系到企业所有者的利益，也是企业偿还债务的一项重要来源。因此，企业的债权人、所有者以及管理者都十分关心企业的盈利能力。盈利能力分析是企业财务分析的重要组成部分，也是评价企业经营管理水平的重要依据。企业的各项经营活动都会影响到企业的盈利。

评价企业盈利能力的财务比率主要有资产报酬率、股东权益报酬率、销售毛利率、销售净利率等。

（1）资产报酬率。资产报酬率也称资产收益率、资产利润率或投资报酬率，是企业一定时期内净利润与平均资产总额的比率。其计算公式为

$$资产报酬率 = \frac{净利润}{平均资产总额} \times 100\%$$

$$平均资产总额 = \frac{期初资产总额 + 期末资产总额}{2}$$

根据表 5-3 和表 5-4 的数据，各公司资产报酬率见表 5-12。

表 5-12　第四年资产报酬率

企业	A	B	C	D	E	F
资产报酬率/%	13.00	10.53	17.91	21.25	11.32	23.08

资产报酬率主要用来衡量企业利用资产获取利润的能力，它反映了企业总资产的利用效率。F 公司资产报酬率为 23.08%，说明该公司每 100 元的资产可以赚取 23.08 元的净利润。这一比率越高，表明资产的利用效率越高，企业盈利能力越强，说明企业在增加收入和节约资金使用等方面取得了良好的效果，否则相反。

资产报酬率是一个综合指标，企业的资产是由投资人投入或举债形成的。净利润的多少与企业资产的多少、资产的结构、经营管理水平有着密切的关系。为了正确评价企业经营效益的高低、挖掘提高利润水平的潜力，可以用该项指标与本企业前期、与计划、与本行业平均水平和本行业内先进企业进行对比，分析形成差异的原因。影响资产净利率高低的因素主要有：产品的价格、单位成本的高低、产品的质量和销售数量、资金占用量的大小等。

（2）股东权益报酬率。股东权益报酬率，也称净资产收益率、净值报酬率或所有者权益报酬率，它是一定时期企业的净利润与股东权益平均总额的比率。其计算公式为

$$股东权益报酬率 = \frac{净利润}{股东权益平均总额} \times 100\%$$

$$股东权益平均总额 = \frac{期初所有者权益 + 期末所有者权益}{2}$$

根据表 5-3 和表 5-4 的数据,各公司股东权益报酬率见表 5-13。

表 5-13　第四年股东权益报酬率

企业	A	B	C	D	E	F
股东权益报酬率/%	65.00	85.71	70.59	85.00	46.15	65.74

股东权益报酬率是评价企业获利能力的一个重要财务比率,它反映了企业股东获取投资报酬的高低。综合来看,第四年 D 公司的盈利能力最强。

股东权益报酬率也可以用以下公式表示:

$$股东权益报酬率 = 资产报酬率 \times 平均权益乘数$$

由此可见,股东权益报酬率取决于企业的资产报酬率和权益乘数两个因素。因此,提高股东权益报酬率可以有两种途径:一是在权益乘数,即在企业资金结构一定的情况下,通过增收节支,提高资产利用效率,来提高资产报酬率;二是在资产报酬率大于负债利息率的情况下,通过增大权益乘数,即提高资产负债率,来提高股东权益报酬率。但是,第一种途径不会增加企业的财务风险,而第二种途径会导致企业财务风险的加大。

(3) 销售毛利率。销售毛利率,也称毛利率,是企业的销售毛利与销售收入净额的比率。其计算公式为

$$销售毛利率 = \frac{销售毛利}{销售收入净额} \times 100\%$$

$$销售毛利 = 销售收入净额 - 销售成本$$

销售收入净额是指销售收入扣除销售退回、销售折让和折扣后的净额。销售毛利率,表示每 1 元销售收入净额扣除销售成本后,有多少钱可以用于各项期间费用和形成盈利。销售毛利率还反映了企业的销售成本与销售收入净额的比率关系,毛利率越大,说明在销售收入净额中销售成本所占比重越小,企业通过销售获取利润的能力越强。

根据表 5-3 和表 5-4 的数据,各公司销售毛利率见表 5-14。

表 5-14　第四年销售毛利率

企业	A	B	C	D	E	F
销售毛利率/%	65.00	85.71	70.59	85.00	46.15	65.74

如表 5-14 所示,D 公司每 100 元销售收入净额可以为公司提供 85 元的毛利。

(4) 销售净利率。销售毛利率是销售净利率的基础,没有足够大的销售毛利就不可能有盈利。销售净利率是企业净利润与销售收入净额的比率。其计算公式为

$$销售净利率 = \frac{净利润}{销售收入净额} \times 100\%$$

净利润,在我国会计制度中是指税后利润。销售净利率说明了企业净利润占销售收入净额的比例,它可以评价企业通过销售赚取利润的能力。销售净利率表明每1元销售收入净额可实现的净利润是多少。该比率越高,企业通过销售获取收益的能力越强。

根据表 5-3 和表 5-4 数据,各公司的销售净利率见表 5-15。

表 5-15　第四年销售净利率

企业	A	B	C	D	E	F
销售净利率/%	3.51	-3.85	23.08	23.58	4.82	28.32

从计算可知,F 公司销售净利率为 28.32%,说明每 100 元的销售收入可为公司带来 28.32 元净利润。C、D 两个公司也都有了较高的利润率,而 B 公司还处于亏损状态。在评价企业销售净利率时,应比较企业历年指标,从而判断企业销售净利率的变化趋势,但是,销售净利率受行业特点影响较大,因此,还应该结合不同行业的具体情况进行分析。

★企业实录:计算本企业基本财务比率,填表 5-16。

表 5-16　企业基本财务比率

	指标/年度	1	2	3	4	5	6
收益力	毛利率						
	利润率						
	总资产收益率						
	净资产收益率						
成长力	收入成长率						
	利润成长率						
	净资产成长率						
安定力	流动比率						
	速动比率						
	固定资产长期适配率						
	资产负债率						
活动力	应收账款周转率						
	存货周转率						
	固定资产周转率						
	总资产周转率						

企业运营实录

企业运营前数据实录如表6-1~表6-6所示。

表6-1 企业经营流程

企业经营流程（起始年）请按顺序操作，每执行完一步在相应表格内打钩或写上数字					
任务清单		1季	2季	3季	4季
新年度规划会议					
参加订货会/登记销售订单					
支付广告费					
制订新年度计划					
支付应付税					
季初盘点	原料库存	_R1_R2_R3_R4	_R1_R2_R3_R4	_R1_R2_R3_R4	_R1_R2_R3_R4
	成品库存	_P1_P2_P3_P4	_P1_P2_P3_P4	_P1_P2_P3_P4	_P1_P2_P3_P4
	在制品				
	现金余额				
短贷，高利贷	更新				
	还本付息				
	申请				
更新应付款/归还应付款					
原材料入库/更新原料订单					

续表

企业经营流程（起始年）请按顺序操作，每执行完一步在相应表格内打钩或写上数字					
任务清单		1季	2季	3季	4季
下原料订单		_R1_R2_R3_R4	_R1_R2_R3_R4	_R1_R2_R3_R4	_R1_R2_R3_R4
更新生产/完工入库					
投资新生产线/变卖生产线/生产线转产					
向其他企业购买原材料/出售原材料					
开始下一批生产					
更新应收款/应收款收现					
出售厂房					
向其他企业购买成品/出售成品					
按订单交货		_P1_ P2_ P3_P4	_P1_ P2_ P3_P4	_P1_ P2_ P3_P4	_P1_ P2_ P3_P4
产品研发投资					
支付行政管理费					
其他现金收支情况登记					
长期贷款	支付利息				
	更新还本				
	申请				
支付设备维护费					
支付租金/购买厂房					
计提折旧					（ ）
新市场开拓					
ISO资格认证投资					
现金收入合计					
现金支出合计					
期末现金对账（请填余额）					

项目六　企业运营实录

表6-2　订单登记表

订单号										合计
市场										
产品										
数量										
账期										
销售额										
成本										
毛利										
未售										

表6-3　产品核算统计表

产品	P1	P2	P3	P4	合计
数量					
销售额					
成本					
毛利					

表6-4　综合管理费用明细表　　　　　　　　　　　百万

项目	金额	备注
管理费		
广告费		
保养费		
租金		
转产费		
市场准入开拓		□区域　□国内　□亚洲　□国际
ISO资格认证		□ISO9000　□ISO14000
产品研发		P2（　）　P3（　）　P4（　）
其他		
合计		

表 6-5　利　润　表　　　　　　　　　　　　　百万

项　目	上 年 数	本 年 数
销售收入	35	
直接成本	12	
毛利	23	
综合费用	11	
折旧前利润	12	
折旧	4	
支付利息前利润	8	
财务收入/支出	4	
其他收入/支出		
税前利润	4	
所得税	1	
净利润	3	

表 6-6　资产负债表　　　　　　　　　　　　　百万

资　产	期初数	期末数	负债和所有者权益	期初数	期末数
流动资产			负债		
现金	20		长期负债	40	
应收款	15		短期负债		
在制品	8		应付账款		
成品	6		应交税金	1	
原料	3		一年内到期的长期负债		
流动资产合计	52		负债合计	41	
固定资产			所有者权益		
土地和建筑	40		股东资本	50	
机器与设备	13		利润留存	11	
在建工程			年度净利	3	
固定资产合计	53		所有者权益合计	64	
资产总计	105		负债和所有者权益总计	105	

项目六 企业运营实录

第一年～第六年企业运营实录各表格如表 6-7～表 6-55 所示。

第 一 年

表 6-7 企业经营流程

企业经营流程，请按顺序操作，每执行完一步在相应表格内打钩或写上数字					
任务清单		1 季	2 季	3 季	4 季
新年度规划会议					
参加订货会/登记销售订单					
支付广告费					
制订新年度计划					
支付应付税					
季初盘点	原料库存	_R1_R2_R3_R4	_R1_R2_R3_R4	_R1_R2_R3_R4	_R1_R2_R3_R4
	成品库存	_P1_ P2_ P3_P4	_P1_ P2_ P3_P4	_P1_ P2_ P3_P4	_P1_ P2_ P3_P4
	在制品				
	现金余额				
短贷，高利贷	更新				
	还本付息				
	申请				
更新应付款/归还应付款					
原材料入库/更新原料订单					
下原料订单		_R1_R2_R3_R4	_R1_R2_R3_R4	_R1_R2_R3_R4	_R1_R2_R3_R4
更新生产/完工入库					
投资新生产线/变卖生产线/生产线转产					

续表

企业经营流程，请按顺序操作，每执行完一步在相应表格内打钩或写上数字					
任务清单		1季	2季	3季	4季
向其他企业购买原材料/出售原材料					
开始下一批生产					
更新应收款/应收款收现					
出售厂房					
向其他企业购买成品/出售成品					
按订单交货		_P1_ P2_ P3_P4	_P1_ P2_ P3_P4	_P1_ P2_ P3_P4	_P1_ P2_ P3_P4
产品研发投资					
支付行政管理费					
其他现金收支情况登记					
长期贷款	支付利息				
	更新还本				
	申请				
支付设备维护费					
支付租金/购买厂房					
计提折旧					( )
新市场开拓					
ISO资格认证投资					
现金收入合计					
现金支出合计					
期末现金对账（请填余额）					

项目六 企业运营实录

表 6-8 现金预算表　　　　　　　　　　百万

项　目	1	2	3	4
期初库存现金				
支付上年应交税				
市场广告投入				
贴现费用				
利息（短期贷款）				
支付到期短期贷款				
原料采购支付现金				
转产费用				
生产线投资				
工人工资				
产品研发投资				
收到现金前的所有支出				
应收款到期				
支付管理费用				
利息（长期贷款）				
支付到期长期贷款				
设备维护费用				
租金				
购买新建筑				
市场开拓投资				
ISO 认证投资				
其他				
库存现金余额				

要点记录

第一季度：_____

第二季度：_____

第三季度：_____

第四季度：_____

年底小结：_____

表 6-9　订单登记表

订单号											合计
市场											
产品											
数量											
账期											
销售额											
成本											
毛利											
未售											

表 6-10　产品核算统计表

产　品	P1	P2	P3	P4	合计
数量					
销售额					
成本					
毛利					

表 6-11　综合管理费用明细表　　　　　　　　　　　　　　百万

项　目	金　额	备　注
管理费		
广告费		
保养费		
租金		
转产费		
市场准入开拓		□区域　□国内　□亚洲　□国际
ISO 资格认证		□ISO9000　□ISO14000
产品研发		P2（　）　P3（　）　P4（　）
其他		
合计		

表 6-12　利　润　表　　　　　　　　　　　　　　百万

项　目	上年数	本年数
销售收入		
直接成本		
毛利		
综合费用		
折旧前利润		
折旧		
支付利息前利润		
财务收入/支出		
其他收入/支出		
税前利润		
所得税		
净利润		

表 6-13　资产负债表　　　　　　　　　　　　　　　　　　　　　　　　　百万

资产	期初数	期末数	负债和所有者权益	期初数	期末数
流动资产			负债		
现金			长期负债		
应收款			短期负债		
在制品			应付账款		
成品			应交税金		
原料			一年内到期的长期负债		
流动资产合计			负债合计		
固定资产			所有者权益		
土地和建筑			股东资本		
机器与设备			利润留存		
在建工程			年度净利		
固定资产合计			所有者权益合计		
资产总计			负债和所有者权益总计		

项目六 企业运营实录

第 二 年

表 6-14 企业经营流程

企业经营流程，请按顺序操作，每执行完一步在相应表格内打钩或写上数字						
任务清单			1 季	2 季	3 季	4 季
新年度规划会议						
参加订货会/登记销售订单						
支付广告费						
制订新年度计划						
支付应付税						
季初盘点		原料库存	_R1_R2_R3_R4	_R1_R2_R3_R4	_R1_R2_R3_R4	_R1_R2_R3_R4
		成品库存	_P1_ P2_ P3_P4	_P1_ P2_ P3_P4	_P1_ P2_ P3_P4	_P1_ P2_ P3_P4
		在制品				
		现金余额				
短贷，高利贷		更新				
		还本付息				
		申请				
更新应付款/归还应付款						
原材料入库/更新原料订单						
下原料订单			_R1_R2_R3_R4	_R1_R2_R3_R4	_R1_R2_R3_R4	_R1_R2_R3_R4
更新生产/完工入库						
投资新生产线/变卖生产线/生产线转产						

续表

企业经营流程，请按顺序操作，每执行完一步在相应表格内打钩或写上数字					
任务清单		1季	2季	3季	4季
向其他企业购买原材料/出售原材料					
开始下一批生产					
更新应收款/应收款收现					
出售厂房					
向其他企业购买成品/出售成品					
按订单交货		_P1_ P2_ P3_P4	_P1_ P2_ P3_P4	_P1_ P2_ P3_P4	_P1_ P2_ P3_P4
产品研发投资					
支付行政管理费					
其他现金收支情况登记					
长期贷款	支付利息				
	更新还本				
	申请				
支付设备维护费					
支付租金/购买厂房					
计提折旧					( )
新市场开拓					
ISO 资格认证投资					
现金收入合计					
现金支出合计					
期末现金对账（请填余额）					

表 6-15 现金预算表   百万

项 目	1	2	3	4
期初库存现金				
支付上年应交税				
市场广告投入				
贴现费用				
利息（短期贷款）				
支付到期短期贷款				
原料采购支付现金				
转产费用				
生产线投资				
工人工资				
产品研发投资				
收到现金前的所有支出				
应收款到期				
支付管理费用				
利息（长期贷款）				
支付到期长期贷款				
设备维护费用				
租金				
购买新建筑				
市场开拓投资				
ISO 认证投资				
其他				
库存现金余额				

要点记录

第一季度：_____

第二季度：_____

第三季度：_____

第四季度：_____

年底小结：_____

表 6-16 订单登记表

订单号											合计
市场											
产品											
数量											
账期											
销售额											
成本											
毛利											
未售											

表 6-17 产品核算统计表

产　品	P1	P2	P3	P4	合计
数量					
销售额					
成本					
毛利					

项目六 企业运营实录

表 6-18 综合管理费用明细表　　　　　　　　　　　　　　　百万

项　目	金　额	备　注
管理费		
广告费		
保养费		
租金		
转产费		
市场准入开拓		□区域　□国内　□亚洲　□国际
ISO 资格认证		□ISO9000　□ISO14000
产品研发		P2（　）　P3（　）　P4（　）
其他		
合计		

表 6-19 利润表　　　　　　　　　　　　　　　百万

项　目	上年数	本年数
销售收入		
直接成本		
毛利		
综合费用		
折旧前利润		
折旧		
支付利息前利润		
财务收入/支出		
其他收入/支出		
税前利润		
所得税		
净利润		

表 6-20 资产负债表 百万

资　产	期初数	期末数	负债和所有者权益	期初数	期末数
流动资产			负债		
现金			长期负债		
应收款			短期负债		
在制品			应付账款		
成品			应交税金		
原料			一年内到期的长期负债		
流动资产合计			负债合计		
固定资产			所有者权益		
土地和建筑			股东资本		
机器与设备			利润留存		
在建工程			年度净利		
固定资产合计			所有者权益合计		
资产总计			负债和所有者权益总计		

项目六 企业运营实录

第 三 年

表 6-21 企业经营流程

企业经营流程，请按顺序操作，每执行完一步在相应表格内打钩或写上数字					
任务清单		1 季	2 季	3 季	4 季
新年度规划会议					
参加订货会/登记销售订单					
支付广告费					
制订新年度计划					
支付应付税					
季初盘点	原料库存	_R1_R2_R3_R4	_R1_R2_R3_R4	_R1_R2_R3_R4	_R1_R2_R3_R4
	成品库存	_P1_ P2_ P3_P4	_P1_ P2_ P3_P4	_P1_ P2_ P3_P4	_P1_ P2_ P3_P4
	在制品				
	现金余额				
短贷，高利贷	更新				
	还本付息				
	申请				
更新应付款/归还应付款					
原材料入库/更新原料订单					
下原料订单		_R1_R2_R3_R4	_R1_R2_R3_R4	_R1_R2_R3_R4	_R1_R2_R3_R4
更新生产/完工入库					
投资新生产线/变卖生产线/生产线转产					

续表

企业经营流程，请按顺序操作，每执行完一步在相应表格内打钩或写上数字					
任务清单		1季	2季	3季	4季
向其他企业购买原材料/出售原材料					
开始下一批生产					
更新应收款/应收款收现					
出售厂房					
向其他企业购买成品/出售成品					
按订单交货		_P1_ P2_ P3_P4	_P1_ P2_ P3_P4	_P1_ P2_ P3_P4	_P1_ P2_ P3_P4
产品研发投资					
支付行政管理费					
其他现金收支情况登记					
长期贷款	支付利息				
	更新还本				
	申请				
支付设备维护费					
支付租金/购买厂房					
计提折旧					（　）
新市场开拓					
ISO资格认证投资					
现金收入合计					
现金支出合计					
期末现金对账（请填余额）					

项目六 企业运营实录

表 6-22 现金预算表 百万

项　　目	1	2	3	4
期初库存现金				
支付上年应交税				
市场广告投入				
贴现费用				
利息（短期贷款）				
支付到期短期贷款				
原料采购支付现金				
转产费用				
生产线投资				
工人工资				
产品研发投资				
收到现金前的所有支出				
应收款到期				
支付管理费用				
利息（长期贷款）				
支付到期长期贷款				
设备维护费用				
租金				
购买新建筑				
市场开拓投资				
ISO 认证投资				
其他				
库存现金余额				

要点记录

第一季度：

第二季度：

第三季度：

第四季度：

年底小结：

表 6-23 订单登记表

订单号										合计
市场										
产品										
数量										
账期										
销售额										
成本										
毛利										
未售										

表 6-24 产品核算统计表

产　品	P1	P2	P3	P4	合计
数量					
销售额					
成本					
毛利					

项目六 企业运营实录

表 6-25 综合管理费用明细表　　　　　　　　　　　　　　　　百万

项　目	金　额	备　注
管理费		
广告费		
保养费		
租金		
转产费		
市场准入开拓		□区域　□国内　□亚洲　□国际
ISO 资格认证		□ISO9000　□ISO14000
产品研发		P2（　）　P3（　）　P4（　）
其他		
合计		

表 6-26 利 润 表　　　　　　　　　　　　　　　　　　　　　百万

项　目	上 年 数	本 年 数
销售收入		
直接成本		
毛利		
综合费用		
折旧前利润		
折旧		
支付利息前利润		
财务收入/支出		
其他收入/支出		
税前利润		
所得税		
净利润		

表 6-27　资产负债表　　　　　　　　　　　　　　　　　百万

资　　产	期初数	期末数	负债和所有者权益	期初数	期末数
流动资产			负债		
现金			长期负债		
应收款			短期负债		
在制品			应付账款		
成品			应交税金		
原料			一年内到期的长期负债		
流动资产合计			负债合计		
固定资产			所有者权益		
土地和建筑			股东资本		
机器与设备			利润留存		
在建工程			年度净利		
固定资产合计			所有者权益合计		
资产总计			负债和所有者权益总计		

第 四 年

表6-28 企业经营流程

企业经营流程，请按顺序操作，每执行完一步在相应表格内打钩或写上数字					
任务清单		1季	2季	3季	4季
新年度规划会议					
参加订货会/登记销售订单					
支付广告费					
制订新年度计划					
支付应付税					
季初盘点	原料库存	_R1_R2_R3_R4	_R1_R2_R3_R4	_R1_R2_R3_R4	_R1_R2_R3_R4
	成品库存	_P1_ P2_ P3_P4	_P1_ P2_ P3_P4	_P1_ P2_ P3_P4	_P1_ P2_ P3_P4
	在制品				
	现金余额				
短贷，高利贷	更新				
	还本付息				
	申请				
更新应付款/归还应付款					
原材料入库/更新原料订单					
下原料订单		_R1_R2_R3_R4	_R1_R2_R3_R4	_R1_R2_R3_R4	_R1_R2_R3_R4
更新生产/完工入库					
投资新生产线/变卖生产线/生产线转产					

续表

企业经营流程，请按顺序操作，每执行完一步在相应表格内打钩或写上数字					
任务清单		1季	2季	3季	4季
向其他企业购买原材料/出售原材料					
开始下一批生产					
更新应收款/应收款收现					
出售厂房					
向其他企业购买成品/出售成品					
按订单交货		_P1_ P2_ P3_P4	_P1_ P2_ P3_P4	_P1_ P2_ P3_P4	_P1_ P2_ P3_P4
产品研发投资					
支付行政管理费					
其他现金收支情况登记					
长期贷款	支付利息				
	更新还本				
	申请				
支付设备维护费					
支付租金/购买厂房					
计提折旧					( )
新市场开拓					
ISO资格认证投资					
现金收入合计					
现金支出合计					
期末现金对账（请填余额）					

项目六 企业运营实录

表 6-29 现金预算表　　　　　　　　　　　　　　　　　　　　　　百万

项　　目	1	2	3	4
期初库存现金				
支付上年应交税				
市场广告投入				
贴现费用				
利息（短期贷款）				
支付到期短期贷款				
原料采购支付现金				
转产费用				
生产线投资				
工人工资				
产品研发投资				
收到现金前的所有支出				
应收款到期				
支付管理费用				
利息（长期贷款）				
支付到期长期贷款				
设备维护费用				
租金				
购买新建筑				
市场开拓投资				
ISO 认证投资				
其他				
库存现金余额				

要点记录

第一季度：＿＿＿＿＿＿＿＿＿＿＿＿＿＿＿＿＿＿＿＿＿＿＿＿＿＿＿＿＿＿＿＿＿＿

第二季度：＿＿＿＿＿＿＿＿＿＿＿＿＿＿＿＿＿＿＿＿＿＿＿＿＿＿＿＿＿＿＿＿＿＿

第三季度：＿＿＿＿＿＿＿＿＿＿＿＿＿＿＿＿＿＿＿＿＿＿＿＿＿＿＿＿＿＿＿＿＿＿

第四季度：＿＿＿＿＿＿＿＿＿＿＿＿＿＿＿＿＿＿＿＿＿＿＿＿＿＿＿＿＿＿＿＿＿＿

年底小结：＿＿＿＿＿＿＿＿＿＿＿＿＿＿＿＿＿＿＿＿＿＿＿＿＿＿＿＿＿＿＿＿＿＿

表6-30 订单登记表

订单号										合计
市场										
产品										
数量										
账期										
销售额										
成本										
毛利										
未售										

表6-31 产品核算统计表

产　品	P1	P2	P3	P4	合计
数量					
销售额					
成本					
毛利					

项目六 企业运营实录

表 6-32 综合管理费用明细表   百万

项 目	金 额	备 注
管理费		
广告费		
保养费		
租金		
转产费		
市场准入开拓		□区域 □国内 □亚洲 □国际
ISO 资格认证		□ISO9000 □ISO14000
产品研发		P2 ( ) P3 ( ) P4 ( )
其他		
合计		

表 6-33 利 润 表   百万

项 目	上 年 数	本 年 数
销售收入		
直接成本		
毛利		
综合费用		
折旧前利润		
折旧		
支付利息前利润		
财务收入/支出		
其他收入/支出		
税前利润		
所得税		
净利润		

表 6-34　资产负债表　　　　　　　　　　　　　　　　　　　　百万

资产	期初数	期末数	负债和所有者权益	期初数	期末数
流动资产			负债		
现金			长期负债		
应收款			短期负债		
在制品			应付账款		
成品			应交税金		
原料			一年内到期的长期负债		
流动资产合计			负债合计		
固定资产			所有者权益		
土地和建筑			股东资本		
机器与设备			利润留存		
在建工程			年度净利		
固定资产合计			所有者权益合计		
资产总计			负债和所有者权益总计		

项目六 企业运营实录

第 五 年

表6-35 企业经营流程

企业经营流程，请按顺序操作，每执行完一步在相应表格内打钩或写上数字					
任务清单		1季	2季	3季	4季
新年度规划会议					
参加订货会/登记销售订单					
支付广告费					
制订新年度计划					
支付应付税					
季初盘点	原料库存	_R1_R2_R3_R4	_R1_R2_R3_R4	_R1_R2_R3_R4	_R1_R2_R3_R4
	成品库存	_P1_ P2_ P3_P4	_P1_ P2_ P3_P4	_P1_ P2_ P3_P4	_P1_ P2_ P3_P4
	在制品				
	现金余额				
短贷，高利贷	更新				
	还本付息				
	申请				
更新应付款/归还应付款					
原材料入库/更新原料订单					
下原料订单		_R1_R2_R3_R4	_R1_R2_R3_R4	_R1_R2_R3_R4	_R1_R2_R3_R4
更新生产/完工入库					
投资新生产线/变卖生产线/生产线转产					

续表

企业经营流程，请按顺序操作，每执行完一步在相应表格内打钩或写上数字					
任务清单		1季	2季	3季	4季
向其他企业购买原材料/出售原材料					
开始下一批生产					
更新应收款/应收款收现					
出售厂房					
向其他企业购买成品/出售成品					
按订单交货		_P1_ P2_ P3_P4	_P1_ P2_ P3_P4	_P1_ P2_ P3_P4	_P1_ P2_ P3_P4
产品研发投资					
支付行政管理费					
其他现金收支情况登记					
长期贷款	支付利息				
	更新还本				
	申请				
支付设备维护费					
支付租金/购买厂房					
计提折旧					（　）
新市场开拓					
ISO资格认证投资					
现金收入合计					
现金支出合计					
期末现金对账（请填余额）					

项目六 企业运营实录

表 6-36　现金预算表　　　　　　　　　　　　　　　　　　　　百万

项　　目	1	2	3	4
期初库存现金				
支付上年应交税				
市场广告投入				
贴现费用				
利息（短期贷款）				
支付到期短期贷款				
原料采购支付现金				
转产费用				
生产线投资				
工人工资				
产品研发投资				
收到现金前的所有支出				
应收款到期				
支付管理费用				
利息（长期贷款）				
支付到期长期贷款				
设备维护费用				
租金				
购买新建筑				
市场开拓投资				
ISO 认证投资				
其他				
库存现金余额				

要点记录

第一季度：_____

第二季度：_____

第三季度：_____

第四季度：_____

年底小结：_____

表6-37 订单登记表

订单号										合计
市场										
产品										
数量										
账期										
销售额										
成本										
毛利										
未售										

表6-38 产品核算统计表

产　品	P1	P2	P3	P4	合计
数量					
销售额					
成本					
毛利					

项目六 企业运营实录

表 6-39 综合管理费用明细表　　　　　　　　　　　　　　　　　百万

项　目	金　额	备　注
管理费		
广告费		
保养费		
租金		
转产费		
市场准入开拓		□区域　□国内　□亚洲　□国际
ISO 资格认证		□ISO9000　□ISO14000
产品研发		P2（　）　P3（　）　P4（　）
其他		
合计		

表 6-40 利润表　　　　　　　　　　　　　　　　　百万

项　目	上 年 数	本 年 数
销售收入		
直接成本		
毛利		
综合费用		
折旧前利润		
折旧		
支付利息前利润		
财务收入/支出		
其他收入/支出		
税前利润		
所得税		
净利润		

表 6-41　资产负债表　　　　　　　　　　　　　　　　　　　　　　　　百万

资产	期初数	期末数	负债和所有者权益	期初数	期末数
流动资产			负债		
现金			长期负债		
应收款			短期负债		
在制品			应付账款		
成品			应交税金		
原料			一年内到期的长期负债		
流动资产合计			负债合计		
固定资产			所有者权益		
土地和建筑			股东资本		
机器与设备			利润留存		
在建工程			年度净利		
固定资产合计			所有者权益合计		
资产总计			负债和所有者权益总计		

项目六 企业运营实录

第 六 年

表6-42 企业经营流程

企业经营流程，请按顺序操作，每执行完一步在相应表格内打钩或写上数字					
任务清单		1季	2季	3季	4季
新年度规划会议					
参加订货会/登记销售订单					
支付广告费					
制订新年度计划					
支付应付税					
季初盘点	原料库存	_R1_R2_R3_R4	_R1_R2_R3_R4	_R1_R2_R3_R4	_R1_R2_R3_R4
	成品库存	_P1_ P2_ P3_P4	_P1_ P2_ P3_P4	_P1_ P2_ P3_P4	_P1_ P2_ P3_P4
	在制品				
	现金余额				
短贷，高利贷	更新				
	还本付息				
	申请				
更新应付款/归还应付款					
原材料入库/更新原料订单					
下原料订单		_R1_R2_R3_R4	_R1_R2_R3_R4	_R1_R2_R3_R4	_R1_R2_R3_R4
更新生产/完工入库					
投资新生产线/变卖生产线/生产线转产					

续表

企业经营流程，请按顺序操作，每执行完一步在相应表格内打钩或写上数字					
任务清单		1季	2季	3季	4季
向其他企业购买原材料/出售原材料					
开始下一批生产					
更新应收款/应收款收现					
出售厂房					
向其他企业购买成品/出售成品					
按订单交货		_P1_ P2_ P3_P4	_P1_ P2_ P3_P4	_P1_ P2_ P3_P4	_P1_ P2_ P3_P4
产品研发投资					
支付行政管理费					
其他现金收支情况登记					
长期贷款	支付利息				
	更新还本				
	申请				
支付设备维护费					
支付租金/购买厂房					
计提折旧					（ ）
新市场开拓					
ISO 资格认证投资					
现金收入合计					
现金支出合计					
期末现金对账（请填余额）					

项目六 企业运营实录

表 6-43 现金预算表   百万

项目	1	2	3	4
期初库存现金				
支付上年应交税				
市场广告投入				
贴现费用				
利息（短期贷款）				
支付到期短期贷款				
原料采购支付现金				
转产费用				
生产线投资				
工人工资				
产品研发投资				
收到现金前的所有支出				
应收款到期				
支付管理费用				
利息（长期贷款）				
支付到期长期贷款				
设备维护费用				
租金				
购买新建筑				
市场开拓投资				
ISO 认证投资				
其他				
库存现金余额				

要点记录

第一季度：_____

第二季度：_____

第三季度：_____

第四季度：_____

年底小结：_____

表 6-44 订单登记表

订单号										合计
市场										
产品										
数量										
账期										
销售额										
成本										
毛利										
未售										

表 6-45 产品核算统计表

产　品	P1	P2	P3	P4	合计
数量					
销售额					
成本					
毛利					

表 6-46 综合管理费用明细表　　　　　　　　　　　　　　　　　　百万

项　目	金　额	备　注
管理费		
广告费		
保养费		
租金		
转产费		
市场准入开拓		□区域　□国内　□亚洲　□国际
ISO 资格认证		□ISO9000　□ISO14000
产品研发		P2（　　）　P3（　　）　P4（　　）
其他		
合计		

表 6-47 利　润　表　　　　　　　　　　　　　　　　　　　　百万

项　目	上　年　数	本　年　数
销售收入		
直接成本		
毛利		
综合费用		
折旧前利润		
折旧		
支付利息前利润		
财务收入/支出		
其他收入/支出		
税前利润		
所得税		
净利润		

表 6-48　资产负债表　　　　　　　　　　　　　　　　　　　　　百万

资产	期初数	期末数	负债和所有者权益	期初数	期末数
流动资产			负债		
现金			长期负债		
应收款			短期负债		
在制品			应付账款		
成品			应交税金		
原料			一年内到期的长期负债		
流动资产合计			负债合计		
固定资产			所有者权益		
土地和建筑			股东资本		
机器与设备			利润留存		
在建工程			年度净利		
固定资产合计			所有者权益合计		
资产总计			负债和所有者权益总计		

表 6-49　生产计划及采购计划（1～3 年）

生产线		第一年				第二年				第三年			
		一季度	二季度	三季度	四季度	一季度	二季度	三季度	四季度	一季度	二季度	三季度	四季度
1	产品												
	材料												
2	产品												
	材料												
3	产品												
	材料												
4	产品												
	材料												
5	产品												
	材料												
6	产品												
	材料												
7	产品												
	材料												
8	产品												
	材料												
合计	产品												
	材料												

表 6-50 生产计划及采购计划（4～6 年）

生产线		第四年				第五年				第六年			
		一季度	二季度	三季度	四季度	一季度	二季度	三季度	四季度	一季度	二季度	三季度	四季度
1	产品												
	材料												
2	产品												
	材料												
3	产品												
	材料												
4	产品												
	材料												
5	产品												
	材料												
6	产品												
	材料												
7	产品												
	材料												
8	产品												
	材料												
合计	产品												
	材料												

表 6-51 　　　　组广告投放方案

表（一）

第一年本地			
产品	广告	9K	14K
P1			
P2			
P3			
P4			
合计			
签字确认			

表（二）

第二年本地				第二年区域			
产品	广告	9K	14K	产品	广告	9K	14K
P1				P1			
P2				P2			
P3				P3			
P4				P4			
合计							
签字确认							

表（三）

第三年本地				第三年区域				第三年国内			
产品	广告	9K	14K	产品	广告	9K	14K	产品	广告	9K	14K
P1				P1				P1			
P2				P2				P2			
P3				P3				P3			
P4				P4				P4			
合计											
签字确认											

项目六 企业运营实录

表（四）

第四年本地				第四年区域				第四年国内				第四年亚洲			
产品	广告	9K	14K	产品	广告	9K	14K	产品	广告	9K	14K	产品	广告	9K	14K
P1				P1				P1				P1			
P2				P2				P2				P2			
P3				P3				P3				P3			
P4				P4				P4				P4			
合计															
签字确认															

表（五）

第五年本地				第五年区域			
产品	广告	9K	14K	产品	广告	9K	14K
P1				P1			
P2				P2			
P3				P3			
P4				P4			
合计							
签字确认							

表（六）

第五年国内				第五年亚洲				第五年国际			
产品	广告	9K	14K	产品	广告	9K	14K	产品	广告	9K	14K
P1				P1				P1			
P2				P2				P2			
P3				P3				P3			
P4				P4				P4			
合计											
签字确认											

项目六 企业运营实录

表（七）

第六年本地				第六年区域			
产品	广告	9K	14K	产品	广告	9K	14K
P1				P1			
P2				P2			
P3				P3			
P4				P4			
合计							
签字确认							

表（八）

第六年国内				第六年亚洲				第六年国际			
产品	广告	9K	14K	产品	广告	9K	14K	产品	广告	9K	14K
P1				P1				P1			
P2				P2				P2			
P3				P3				P3			
P4				P4				P4			
合计											
签字确认											

项目六 企业运营实录

表 6-52 _____组材料采购方案

起始年	1 季				2 季				3 季				4 季			
原材料	R1	R2	R3	R4	R1	R2	R3	R4	R1	R2	R3	R4	R1	R2	R3	R4
订购数量																
采购入库																
供应商确认																
1 年	1 季				2 季				3 季				4 季			
原材料	R1	R2	R3	R4	R1	R2	R3	R4	R1	R2	R3	R4	R1	R2	R3	R4
订购数量																
采购入库																
供应商确认																
2 年	1 季				2 季				3 季				4 季			
原材料	R1	R2	R3	R4	R1	R2	R3	R4	R1	R2	R3	R4	R1	R2	R3	R4
订购数量																
采购入库																
供应商确认																
3 年	1 季				2 季				3 季				4 季			
原材料	R1	R2	R3	R4	R1	R2	R3	R4	R1	R2	R3	R4	R1	R2	R3	R4
订购数量																
采购入库																
供应商确认																
4 年	1 季				2 季				3 季				4 季			
原材料	R1	R2	R3	R4	R1	R2	R3	R4	R1	R2	R3	R4	R1	R2	R3	R4
订购数量																
采购入库																
供应商确认																
5 年	1 季				2 季				3 季				4 季			
原材料	R1	R2	R3	R4	R1	R2	R3	R4	R1	R2	R3	R4	R1	R2	R3	R4
订购数量																
采购入库																
供应商确认																
6 年	1 季				2 季				3 季				4 季			
原材料	R1	R2	R3	R4	R1	R2	R3	R4	R1	R2	R3	R4	R1	R2	R3	R4
订购数量																
采购入库																
供应商确认																

表 6-53　　　　　组应收账款明细表

年	季	交货登记				款额到期	贴现		
		商品	数量	金额	账期	到期金额	贴现总额	进现金	贴息
第一年	1	P1							
		P2							
		P3							
		P4							
	2	P1							
		P2							
		P3							
		P4							
	3	P1							
		P2							
		P3							
		P4							
	4	P1							
		P2							
		P3							
		P4							

项目六 企业运营实录

续表

年	季	交货登记				款额到期	贴现		
		商品	数量	金额	账期	到期金额	贴现总额	进现金	贴息
第二年	1	P1							
		P2							
		P3							
		P4							
	2	P1							
		P2							
		P3							
		P4							
	3	P1							
		P2							
		P3							
		P4							
	4	P1							
		P2							
		P3							
		P4							

续表

年	季	交货登记				款额到期	贴现		
		商品	数量	金额	账期	到期金额	贴现总额	进现金	贴息
第三年	1	P1							
		P2							
		P3							
		P4							
	2	P1							
		P2							
		P3							
		P4							
	3	P1							
		P2							
		P3							
		P4							
	4	P1							
		P2							
		P3							
		P4							

项目六 企业运营实录

续表

年	季	交货登记				款额到期	贴现		
		商品	数量	金额	账期	到期金额	贴现总额	进现金	贴息
第四年	1	P1							
		P2							
		P3							
		P4							
	2	P1							
		P2							
		P3							
		P4							
	3	P1							
		P2							
		P3							
		P4							
	4	P1							
		P2							
		P3							
		P4							

续表

年	季	交货登记				款额到期	贴现		
		商品	数量	金额	账期	到期金额	贴现总额	进现金	贴息
第五年	1	P1							
		P2							
		P3							
		P4							
	2	P1							
		P2							
		P3							
		P4							
	3	P1							
		P2							
		P3							
		P4							
	4	P1							
		P2							
		P3							
		P4							

项目六 企业运营实录

续表

年	季	交货登记				款额到期	贴现		
		商品	数量	金额	账期	到期金额	贴现总额	进现金	贴息
第六年	1	P1							
		P2							
		P3							
		P4							
	2	P1							
		P2							
		P3							
		P4							
	3	P1							
		P2							
		P3							
		P4							
	4	P1							
		P2							
		P3							
		P4							

表 6-54 ＿＿＿＿组贷款记录表

年	季	上年年末权益		项 目						
		偿还短贷	还高利贷	偿还长贷	短贷余额	高贷余额	长贷余额	申请短贷	申请高贷	申请长贷
第一年	1									
	2									
	3									
	4									
年	季	上年年末权益		项 目						
		偿还短贷	还高利贷	偿还长贷	短贷余额	高贷余额	长贷余额	申请短贷	申请高贷	申请长贷
第二年	1									
	2									
	3									
	4									
年	季	上年年末权益		项 目						
		偿还短贷	还高利贷	偿还长贷	短贷余额	高贷余额	长贷余额	申请短贷	申请高贷	申请长贷
第三年	1									
	2									
	3									
	4									
年	季	上年年末权益		项 目						
		偿还短贷	还高利贷	偿还长贷	短贷余额	高贷余额	长贷余额	申请短贷	申请高贷	申请长贷
第四年	1									
	2									
	3									
	4									
年	季	上年年末权益		项 目						
		偿还短贷	还高利贷	偿还长贷	短贷余额	高贷余额	长贷余额	申请短贷	申请高贷	申请长贷
第五年	1									
	2									
	3									
	4									
年	季	上年年末权益		项 目						
		偿还短贷	还高利贷	偿还长贷	短贷余额	高贷余额	长贷余额	申请短贷	申请高贷	申请长贷
第六年	1									
	2									
	3									
	4									

表 6-55　组间交易合同

| 销售方：_____ |
| 购买方：_____ |
| 产品名称：_____　产品数量：_____ |
| 产品单价：_____　总金额：_____ |
| 交货日期：_____年_____季 |
| 付款日期：_____年_____季 |
| 销售方代表签字：_____ |
| 购买方代表签字：_____ |
| 证明人签字：_____ |

| 销售方：_____ |
| 购买方：_____ |
| 产品名称：_____　产品数量：_____ |
| 产品单价：_____　总金额：_____ |
| 交货日期：_____年_____季 |
| 付款日期：_____年_____季 |
| 销售方代表签字：_____ |
| 购买方代表签字：_____ |
| 证明人签字：_____ |

| 销售方：_____ |
| 购买方：_____ |
| 产品名称：_____　产品数量：_____ |
| 产品单价：_____　总金额：_____ |
| 交货日期：_____年_____季 |
| 付款日期：_____年_____季 |
| 销售方代表签字：_____ |
| 购买方代表签字：_____ |
| 证明人签字：_____ |

| 销售方：_____ |
| 购买方：_____ |
| 产品名称：_____　产品数量：_____ |
| 产品单价：_____　总金额：_____ |
| 交货日期：_____年_____季 |
| 付款日期：_____年_____季 |
| 销售方代表签字：_____ |
| 购买方代表签字：_____ |
| 证明人签字：_____ |

| 销售方：_____ |
| 购买方：_____ |
| 产品名称：_____　产品数量：_____ |
| 产品单价：_____　总金额：_____ |
| 交货日期：_____年_____季 |
| 付款日期：_____年_____季 |
| 销售方代表签字：_____ |
| 购买方代表签字：_____ |
| 证明人签字：_____ |

| 销售方：_____ |
| 购买方：_____ |
| 产品名称：_____　产品数量：_____ |
| 产品单价：_____　总金额：_____ |
| 交货日期：_____年_____季 |
| 付款日期：_____年_____季 |
| 销售方代表签字：_____ |
| 购买方代表签字：_____ |
| 证明人签字：_____ |

项目六 企业运营实录

续表

销售方：_____	销售方：_____
购买方：_____	购买方：_____
产品名称：_____ 产品数量：_____	产品名称：_____ 产品数量：_____
产品单价：_____ 总金额：_____	产品单价：_____ 总金额：_____
交货日期：_____年_____季	交货日期：_____年_____季
付款日期：_____年_____季	付款日期：_____年_____季
销售方代表签字：_____	销售方代表签字：_____
购买方代表签字：_____	购买方代表签字：_____
证明人签字：_____	证明人签字：_____

销售方：_____	销售方：_____
购买方：_____	购买方：_____
产品名称：_____ 产品数量：_____	产品名称：_____ 产品数量：_____
产品单价：_____ 总金额：_____	产品单价：_____ 总金额：_____
交货日期：_____年_____季	交货日期：_____年_____季
付款日期：_____年_____季	付款日期：_____年_____季
销售方代表签字：_____	销售方代表签字：_____
购买方代表签字：_____	购买方代表签字：_____
证明人签字：_____	证明人签字：_____

销售方：_____	销售方：_____
购买方：_____	购买方：_____
产品名称：_____ 产品数量：_____	产品名称：_____ 产品数量：_____
产品单价：_____ 总金额：_____	产品单价：_____ 总金额：_____
交货日期：_____年_____季	交货日期：_____年_____季
付款日期：_____年_____季	付款日期：_____年_____季
销售方代表签字：_____	销售方代表签字：_____
购买方代表签字：_____	购买方代表签字：_____
证明人签字：_____	证明人签字：_____

项目七

模拟企业运营成果汇报及成绩评定

经过几年的运营，各企业出现了不同的运营成果，有的企业盈利了，有的企业破产了，有的企业在业内建立了良好的商誉，有的企业培养了资深的总监……模拟运营结束后，每个企业都要针对自身的经营状况、合作状况等进行分析、总结和汇报，汇报的形式分为团队总结和个人总结，团队总结需形成报告《××企业运营情况分析》，并制作PPT进行现场展示和讲解，内容包括本企业的名称、企业文化、成员构成、企业战略、营销战略、风险分析、预算管理、采购管理、生产管理、财务分析、成本分析、企业运营得失等。个人总结是个人将模拟运营的体会、经验以及在实践中学到的知识加以归纳总结。

根据团队协作、企业间合作、总结归纳、现场汇报、诚实守信、财务信息披露真实及时有效等情况，进行企业互评，暂不考虑企业经营状况，满分为百分制（表7-1、表7-2）。

表7-1 企业互评表（学生表）

评价企业名称						
被评企业代号	A	B	C	D	E	F
评价得分						
备注：由评价企业组内客观分析、讨论后认真填写，每组上交一份							

表7-2 企业互评表（教师表）

被评企业 \ 评价企业	A	B	C	D	E	F	企业互评平均分	教师评分	总平均分
A									
B									

续表

评价企业 被评企业	A	B	C	D	E	F	企业互评 平均分	教师 评分	总平 均分
C									
D									
E									
F									

备注：根据各企业上交的企业互评表（学生表）填写，其中企业互评平均分和教师评分各占 50%

根据各个总监团队沟通协作、参与度、履职情况、个人总结等，暂不考虑所属企业经营状况，进行企业成员间互评（表 7-3）。

表 7-3　企业成员间互评表（学生表）

评价人 被评人					成员互评 平均分	教师 评分	总平均分

备注：每个成员总平均分为成员互评平均分和教师评分各占 50%

综合考虑企业运营成果和企业间、企业成员间的综合评价，以下给出较为科学的实训成绩评价方案（表 7-4）：

$$个人实训成绩 = 企业运营成果（45\%） + 企业互评得分（25\%） + 企业成员间互评得分（30\%）$$

企业运营成果：此课程把参加训练的学员分成 6 组，每组代表不同的虚拟公司，每个小组的成员分别担任公司中的重要职位（CEO、CFO、市场总监、生产总监等）。六个公司是同行业中的竞争对手，他们从先前的管理团队中接手同样的企业，大家要在模拟的 6 年中，在客户、市场、资源及利润等方面进行一番真正的较量。最后根据各企业的所有者权益，综合发展系数等对各个企业进行综合排名。

企业运营成果=所有者权益×（1+企业综合发展系数/100）

企业综合发展系数为企业运营结束后的拥有的厂房、生产线、市场占有、产品开发等各种状态后的综合评分。

若同时运营电子沙盘，企业运营成果则为物理沙盘运营成绩占比25%，电子沙盘运营成绩占比20%。

注：在企业间互评和企业成员间互评表中已包含教师评分。

表7-4 实训成绩综合评定表（教师）

序号	学生姓名	所属企业运营成果		所属企业互评得分	成员评分	总平均分
		物理沙盘	电子沙盘			
1						
2						
3						
…						
N						

备注：总平均分=所属企业运营成果（物理沙盘25%+电子沙盘20%）+所属企业互评得分（来源于表7-2占比25%）+成员评分（来源于表7-3，占比30%）

附录 A

电子沙盘运营规则

一、生产线

名称	投资总额	每季投资额	安装周期	生产周期	总转产费用	转产周期	维修费	残值	折旧费	折旧时间	分值
超级手工	30W	30W	0 季	2 季	0W	0 季	5W/年	6W	6W	4 年	0
自动线	150W	50W	3 季	1 季	20W	1 季	20W/年	30W	30W	4 年	8
柔性线	200W	50W	4 季	1 季	0W	0 季	20W/年	40W	40W	4 年	10

* 安装周期为 0，表示即买即用
* 计算投资总额时，若安装周期为 0，则按 1 算
* 不论何时出售生产线，价格为残值，净值与残值之差计入损失
* 只有空闲的生产线方可转产
* 当年建成生产线需要交维修费
* 折旧（平均年限法）：建成当年不提折旧

二、融资

贷款类型	贷款时间	贷款额度	年息	还款方式	备注
长期贷款	每年年初	所有长短贷之和不超过上年权益 3 倍	10.0%	年初付息，到期还本	不小于 10W
短贷贷款	每季度初		5.0%	到期一次还本付息	

附录A 电子沙盘运营规则

续表

贷款类型	贷款时间	贷款额度	年息	还款方式	备注
资金贴现	任何时间	视应收款额	1季，2季：10.0% 3季，4季：12.5%	变现时贴息	贴现各账期分开核算，分开计息
库存拍卖			100.0%（产品）80.0%（原料）		

三、厂房

名称	购买价格	租金	出售价格	容量	分值
大厂房	400W	40W/年	400W	4	10
小厂房	180W	18W/年	180W	2	7

厂房出售得到4个账期的应收款，紧急情况下可厂房贴现，直接得到现金
厂房租入后，一年后可作租转买、退租等处理，续租系统自动处理

四、市场开拓

名称	开发费	开发时间	分值
本地	10W/年	1年	7
区域	10W/年	1年	7
国内	10W/年	2年	8
亚洲	10W/年	3年	9

开发费用按开发时间在年末支付，不允许加速投资，但可以中断投资
市场开发完成后，领取相应的市场准入证

五、ISO资格认证

名称	开发费	开发时间	分值
ISO9000	10W/年	2年	8
ISO14000	20W/年	2年	10

开发费用在年末支付，不允许加速投资，但可以中断投资
开发完成后，领取相应的资格证

六、产品研发

名称	开发费	开发时间	加工费	直接成本	分值	产品组成
P1	10W/季	2 季	10W	20W	7	R1 * 1
P2	10W/季	3 季	10W	30W	8	R1 * 1 R2 * 1
P3	10W/季	4 季	10W	40W	9	R1 * 1 R2 * 1 R3 * 1
开发费用在季末支付,不允许加速投资,但可以中断投资						

七、原料设置

名称	购买单价	提前期
R1	10W	1 季
R2	10W	1 季
R3	10W	2 季

八、其他说明

1. 紧急采购,付款即到货,原材料价格为直接成本的 2 倍;成品价格为直接成本的 3 倍。
2. 选单规则:上年本市场销售额最高(无违约)优先;其次看本市场本产品广告额;再看本市场广告总额;再看市场销售排名;如仍无法决定,先投广告者先选单。
3. 破产标准:现金断流或权益为负。
4. 第一年无订单。
5. 交单可提前,不可推后,违约收回订单。
6. 违约金扣除——四舍五入;库存拍卖所得现金——向下取整;贴现费用——向上取整;扣税——四舍五入;长短贷利息——四舍五入。
7. 库存折价拍价,生产线变卖,紧急采购,订单违约记入损失。
8. 排行榜记分标准:总成绩=所有者权益×(1+企业综合发展潜力/100)   企业综合发展潜力=市场资格分值+ISO 资格分值+生产资格分值+厂房分值+各条生产线分值;生产线建成(包括转产)即加分,无须生产出产品,也无须有在制品。

九、重要参数(根据教师设定自行填写)

违约金比例		贷款额倍数	
产品折价率		原料折价率	
长贷利率		短贷利率	
1,2期贴现率		3,4期贴现率	
初始现金		管理费	
信息费		所得税率	
最大长贷年限		最小得单广告额	
原料紧急采购倍数		产品紧急采购倍数	
选单时间		首位选单补时	
市场同开数量		市场老大	
竞单时间		竞单同竞数	
最大厂房数量			

附录 B

电子沙盘市场预测

市场预测表——均价						
序号	年份	产品	本地	区域	国内	亚洲
1	第二年	P1	51.23	50.89	0	0
2	第二年	P2	70.53	71.37	0	0
3	第二年	P3	88.69	89.86	0	0
4	第三年	P1	50.52	50.94	51.22	0
5	第三年	P2	71.90	70.43	71.39	0
6	第三年	P3	89.62	91.56	90.78	0
7	第四年	P1	47.78	51.65	49.58	50.41
8	第四年	P2	72.40	70.90	70.50	70.74
9	第四年	P3	91.44	95.19	94.09	93.27
10	第五年	P1	51.81	50.22	52.21	52.33
11	第五年	P2	72.03	74.73	68.05	71.17
12	第五年	P3	88.59	91.94	90.56	89.96
13	第六年	P1	50.05	50.48	49.00	52.41
14	第六年	P2	70.29	69.38	69.38	69.75
15	第六年	P3	92.75	89.70	88.37	91.90

续表

	市场预测表——需求量					
序号	年份	产品	本地	区域	国内	亚洲
1	第二年	P1	39	27	0	0
2	第二年	P2	34	27	0	0
3	第二年	P3	29	28	0	0
4	第三年	P1	29	33	27	0
5	第三年	P2	21	23	23	0
6	第三年	P3	29	27	27	0
7	第四年	P1	23	17	19	17
8	第四年	P2	20	30	12	23
9	第四年	P3	25	26	22	22
10	第五年	P1	26	23	28	27
11	第五年	P2	30	22	20	24
12	第五年	P3	22	31	25	25
13	第六年	P1	22	23	31	27
14	第六年	P2	21	26	21	20
15	第六年	P3	24	20	30	31
	市场预测表——订单数量					
序号	年份	产品	本地	区域	国内	亚洲
1	第二年	P1	13	11	0	0
2	第二年	P2	12	11	0	0
3	第二年	P3	11	12	0	0
4	第三年	P1	11	10	10	0
5	第三年	P2	10	9	9	0
6	第三年	P3	11	11	10	0
7	第四年	P1	9	8	9	8
8	第四年	P2	8	9	9	10
9	第四年	P3	11	10	10	9

续表

序号	年份	产品	本地	区域	国内	亚洲
10	第五年	P1	12	10	10	10
11	第五年	P2	11	9	9	11
12	第五年	P3	11	10	11	11
13	第六年	P1	11	10	11	11
14	第六年	P2	11	11	10	9
15	第六年	P3	13	11	12	11

附录 C

电子沙盘相关表格（运营实录）

一、公司概况

公司名称：					
初始资金	900W	公司类型		注册日期	
公司宣言					
组织架构及负责人	总经理：				
	采购总监：				
	营销总监：				
	财务总监：				
	生产总监：				

二、综合费用表

年度	第一年	第二年	第三年	第四年	第五年	第六年
管理费	0					
广告费	0					
设备维护费	0					
转产费	0					
租金	0					

续表

年度	第一年	第二年	第三年	第四年	第五年	第六年
市场准入开拓	0					
产品研发	0					
ISO 认证资格	0					
信息费	0					
其他	0					
合计	0					

三、利润表

年度	第一年	第二年	第三年	第四年	第五年	第六年
销售收入	0					
直接成本	0					
毛利	0					
综合管理费用	0					
折旧前利润	0					
折旧	0					
支付利息前利润	0					
财务费用	0					
税前利润	0					
所得税	0					
净利润	0					

四、资产负债表

年度	第一年	第二年	第三年	第四年	第五年	第六年
现金	900					
应收款	0					

附录 C　电子沙盘相关表格（运营实录）

续表

年度	第一年	第二年	第三年	第四年	第五年	第六年
在制品	0					
产成品	0					
原材料	0					
流动资产合计	900					
土地和建筑	0					
机器与设备	0					
在建工程	0					
固定资产合计	0					
资产总计	900					
长期负债	0					
短期负债	0					
特别贷款	0					
应交税金	0					
负债合计	0					
股东资本	900					
利润留存	0					
年度净利	0					
所有者权益合计	900					
负债和所有者权益总计	900					

参 考 文 献

[1] 王新玲，柯明，耿锡润．ERP 沙盘模拟学习指导书［M］．北京：电子工业出版社，2005．
[2] 路晓辉．ERP 制胜：有效驾驭管理中的数字——用友 ERP 系列丛书［M］．北京：清华大学出版社，2005．
[3] 中国注册会计师协会．财务成本管理［M］．北京：经济科学出版社，2007．
[4] 陈冰．ERP 沙盘实战［M］．北京：经济科学出版社，2006．
[5] 迈克尔·波特．竞争战略［M］．北京：华夏出版社，2005．